考えたら負け

今すぐ行動できる堀江貴文150の金言

堀江貴文

宝島社新書

まえがき

「私が高校生だった10年以上前から堀江さんの言ってることはずっと変わっていない。そしてその考え方は、正解がない今の時代の若者にとってこそ必要なものだ」

この言葉は、2018年6月に上梓《じょうし》した書籍『これからを稼ごう』の紹介文として、メタップス代表の佐藤航陽さんからいただいたものだ。

この言葉のとおり、私は昔から言っていることは変わっていないし、その根底にある本質や考え方も変わってはいない。なぜなら、その考え方がどんな時代でも通用するものだと考えているからだ。それは、AIが発達し世の中が加速度的に変化してきている今の世の中であっても、である。

たとえば、「AIに仕事が奪われる」なんて言葉が叫ばれているが、私はAIが仕事を奪うと考えるのではなく、AIが面倒な仕事を代わりにやってくれると考える。イギリスで第一次産業革命が起きたとき、蒸気機関によるオートメーション化で紡績業に従事していた人たちの多くは失業したが、重労働なしに繊維を安価に大量生産できるようになり、繊維市場が活性化。新たな労働需要が生まれた。

同様に、AIや広義のロボットが既存労働を肩代わりし、生活に必要な富を生み出すようになると、人々は時間を持て余すので、他のことに目を向ける。そこに新しい産業が誕生する。このように、〈イノベーションにより既存産業が効率化されると、他の場面で新しい産業が生まれるだけのことだ〉と思えないだろうか？

こうしたマインドセットをするだけで、これから訪れる未来を悲観する必要はなくなる。日進月歩の時代において、今までどおりにやっていれば安泰、などといった生活スタイルは存在しない。しかし、未来というのは、心がけとその際の行動でいくらでも変えられるものだ。

いちばん怖いのは未来を恐れ、「心ここにあらず」の状態になってしまい、停滞してしまうことだろう。不安にさいなまれ、思い悩み、考え込んでしまうと守りに入り、行動できなくなる。

そういう意味で、「考えたら負け」の時代がやってくる。

本著は、私が心がけていることや考え方を過去の書籍やメルマガから抽出し、一冊にまとめたものである。「未来を恐れず、過去に執着せず、今を生きろ」とは、近畿大学の卒業式で私が卒業生に送った言葉だが、本著を読んでもらうことで未来への一歩を踏み出す糧としてもらえれば幸いである。

2018年11月　堀江貴文

Contents

まえがき――02
第1章「すぐ」やる――07
第2章 自分のアタマで考える――57
第3章「ワクワク」する――113
第4章「感覚」を信じる――165
第5章 人と違って何が悪い――217
第6章 あらたな価値を創造する――263

第1章

「すぐ」やる

完璧主義＝自己満足

001

目指すべきは完璧じゃなく、完了

Completion is better than perfection.

仕事が遅かったり、仕事に忙殺されてしまっている人は、「仕事はすべて100点を取らなくてはいけない」という自己満足を、かなぐり捨ててみよう。

「完璧主義者」は、何度もやり直し、一つの仕事にアリ地獄のようにハマってしまう。目指すべきは、完璧ではなく、完了だ。

目の前の仕事をサクサク終わらせ、次に行く。そして前の仕事には戻らない。「完了主義者」こそ、大量のプロジェクトを動かすことができる。

002

意思疎通は、2文字でもできる

Two words is enough.

僕のＬＩＮＥの返信は短い。返信のほとんどは「はい」「ほい」「おけ」「は？」「むり」など、２文字以内だ。

ＳＮＳの７５５でやっている「堀江貴文の一人なんでも言って委員会」では簡単な質問を受けつけているので、実際に見てもらうとわかるが、僕の返答は「は？」「ある」「ない」「いいね」「知らない」などばかりだ。

そう、２文字で自分の気持ちはだいたい伝えられる。長くて４文字だ。「どこいる？」に対し、「バンカラ」（カラオケバー）と答えるときくらいだろう。いや、「バンカラなう」と、丁寧に６文字もフリック入力することはある。だが、せいぜいそれくらいだ。簡潔明瞭とは、難しい話以外は、２文字から６文字で伝えることだ。

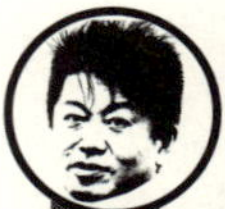

003

折れないで、前に行く

Be faithful to your beliefs,
and never give in.

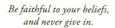

折れないで、前に行く。

誰の批判にも振り回されず、好きなことだけを続ける。

結果的に、そうしていた方がうまくいった。

自分の望むレベルにはまだまだ達していないが、社会的には成功者と呼ばれる立場に来られた。

折れるという選択肢を取っていたら、数えきれないほど多くのものを失っていただろう。

今、さまざまな事情で「折れる」かどうか迷っている人は、獲得できるはずの成果を、自ら手放そうとしているのだと気づいてほしい。

004

「変えたいけどできない」というのは、本当は「変えたくない」のだ

*If you can't change,
it's 'cos you don't want to.*

「運動したいが、時間がない」

「英語を話したいけど、わたしには才能がない」

「世界中を旅行したいと思うが、お金がない」

このような言い訳を、あなたも一度はつぶやいたことがあるのではないだろうか？

そこで、僕が聞きたいことはひとつだ。

そのままが嫌なら、なぜそれを変えないのだろう？

僕は、人間は自分で思う以上に合理的な行動を取る生き物だと思っている。つまり、「変えたいけどできない」というのは、本当は「変えたくない」のだ。たとえ意識していなくても、無意識のうちに現状維持を選んでしまっているのである。

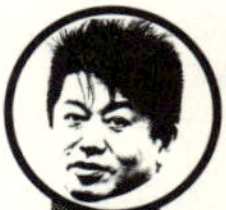

005

過去の〝実績〟とは潔く手を切る

Forget your brilliant past.

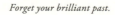

三つのタグをつけよう。

この言葉を見て、すぐさま「これまでの資格や学歴を活かして何かできないか」と考えた人は、一度立ち止まって考えてもらいたい。今思いついたそのタグは、自分の今の「やりたいこと」に合致するものだろうか？

自分が今までの努力で得てきたものを、なんとか未来にも活かしたい。そこに費やしてきた時間を無駄にしたくない。そういった未練とは潔く手を切ってほしいのである。あくまでも、「今」あなたが何をしたいのかが出発点だからだ。

006

質問力というのは
ビジネスを進めるうえで
必須の能力

Good questions are the keys to the door.

何でも聞けばいい。

しかし、メルマガで毎週Q&Aコーナーをやったり、トークイベントで質疑応答を受けていると、あまりに質問力がない人が多いことに驚く。

茫漠《ぼうばく》としたザックリ質問には茫漠とした答えしか出しようがないし、前提条件がはっきりしない質問は「回答不能」だ。

質問力というのはビジネスを進めるうえで必須の能力だ。「質問」が下手であれば本質的なアイデアを引き出せず相手も自分も無駄な時間ばかりを過ごすことになる。

007

「修行」は意味がない。「研究」しよう

'Training' has no value.
Let's 'study'.

一番よくないのは、10年修行したこと自体を「ありがたがる」ことだ。「10年修行をして作った卵焼きなのだから、そこに価値がある」と思ってしまう。同様に、「苦労して何かの資格を取りました」というのも自分の中で「価値」だと思ってしまう。価値は、「苦労」したことにあるのではなく、ユーザーが決めるものだ。

研究と修行はワケが違う。どうせなら、意味のある「研究」に力を注ぐべきだ。

008

今日という日に絶対達成すると自分で決めたことを、着実に実行していく

Set a goal that you can achieve today.

マイルールをつくるときのコツは、「遠くを見ない」こと。よく長期目標を立てる人がいるが、人間は基本的に楽をしたい生き物なので、これをやっても途中でついサボったり、ほかのことに興味が出てきたりと、よほどの意志がない限り達成は難しくなる。

そこで、たとえば今日の目標を立ててみてはどうだろう。「頑張ればなんとか達成できるかも……」というくらいの目標を立て、それを来る日も来る日も繰り返すのだ。考えるべきは今日という日のことだけ。明日のことや遠い未来のことなんて考えない。今日という日に絶対達成すると自分で決めたことを、着実に実行していくのだ。

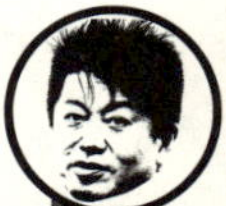

009

「できるわけがない」という言葉は言い訳でしかない

"Can't do it" is no excuse.

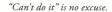

たとえ今住んでいる家の家賃が払えなくなったって、シェアハウスに住むことだってできるし、短期間なら泊めてくれる友達だっているだろう。実家があるなら利用すればいいし、住み込みで働ける場所を探したっていい。とりあえず食いつなぐ仕事が必要なら、コンビニでもスーパーでも常にスタッフを募集している。本当にどうにもならなくなったら生活保護だってある。考え方も、手段もいくらでもあるのだ。

「できるわけがない」という言葉は、「変化したくない」や「このままでいたい」の言い訳でしかない。しかし、本当に今のその会社で、苦しい働き方をしながら、「このまま」でいていいのか。よく考えれば、答えはすぐに出てくるはずだ。

010

痩せたければ、食べるのをやめて、運動するしかない

Want to lose weight?
Stop eating and do some exercise.

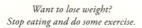

英語ができるようになりたいなら、英語をやるしかない。

本を読むとき、ゲームをやるとき、映画を見るとき、友達と話すとき。できるだけ英語を使う環境を自分で用意する。

ダイエットと同じなのだ。

痩《や》せたければ、食べるのをやめて、運動するしかない。これほど分かりやすく、簡単で、成果のでる方法はない。

011

経験で重要なのは、どれだけ小さな勇気を振り絞ったか

What counts most is
how many courageous actions you take.

たとえば、人前で話すことに怯えていた人が、失敗を何度も繰り返すうちにプレゼンが得意になるまで成長したり、女の子が苦手だった人がフラれたりバカにされたりを繰り返し、それでもめげずに頑張り続けたことで少しずつ得意になっていく。そのようにしてようやく、人はコンプレックスを抱えた自分から旅立つことができるのだ。

経験はどれだけ時間をかけても、深まるものでも広がるものでもない。そうではなく、どれだけ小さな勇気を振り絞ったかで決まるのだ。

012

僕はいつだって「やればいいじゃん」と言う

Your first step is your responsibility,
not mine.

多くの人が、ほんの小さな「最初の一歩」を恐れる。そして、「踏み出す勇気がないので、叱咤激励をお願いします」と他人に甘える。だが、それではダメだ。その習慣こそが、学校教育によって植え付けられたものなのだから。

僕はいつだって「やればいいじゃん」と言う。だけど、「やれるようにしてください」という求めには応じない。なぜなら、「怖くてやれません」というのは、単に「やりたくない」ということだからだ。

やりたいことは、大いにやればいい。

やりたくないことは無理してやってはならない。

だから、あなたの本心が「やりたくない」であるならば、僕からのアドバイスはなしだ。

013

「今、ここ」に集中する

Be now, be here.

「必ずうまくいく」と思い込む、堀江流のマインドセット（思考様式）を明かしておこう。それは「今、ここ」に集中することだ。

「過去」でも「未来」でもなく「今、ここ」の瞬間の心と体に意識を向ける……。そんな「マインドフルネス」的な意味での「今、ここ」だ。

実際にやっていただくとわかるが「今、ここ」に意識を集中させると、否定的な想念は非常に起こりにくい。

なぜなら、過去の「嫌な出来事」や、未来に訪れるかもしれない「不安」「心配」など、ネガティブな要素が心の中に入り込みようがないからだ。そして凪のように静かな精神状態になると、「必ずうまくいく」と思い込むことはたやすくなる。

014

お金よりも「アイデア」と「実行力」の時代

Ideas and energy matter more than money these days.

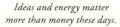

仮想通貨の出現により、既存のマネーの価値は相対的に低下してきています。10年前は無価値だったビットコインが、ピーク時には30兆円ほどの時価総額になっている。イーサリアムの時価総額も堅調です。

企業などが仮想通貨建てで直接お金を集める「イニシャル・コイン・オファリング」（ＩＣＯ）が最新の資金調達方法として普及しはじめています。仮想通貨が高騰してお金を持っている人たちが、こぞって面白いプロジェクトに投資している。世界的に見ると、１００億円規模の金額を集めたＩＣＯの事例も出ています。すでに、上場などしなくても、刺激的なアイデアさえあれば、お金が集まる世の中になっているのです。

こうして既存マネーの価値が相対的に下がるなかで、アイデアと実行力の重要性はさらに高まっているのです。

015

行動力がある人が成果を出していく

No results without an action.

大事なのは行動力。動くことだ。

いくら競馬の予想を的中させていても、馬券を買っていなければ意味がない。そんな人に限って「予想は当たっていたんだ」などと言う。そこまで言うなら、馬券を買えばよかったのにと思ってしまう。結局、行動力のある人が成果を出していく、動かなければ何もはじまらないのは、至極当然のことである。

016

過去は変えられないのだから思い悩んでも仕方がない

Leave your past behind you.

悩み事を抱えている人の多くは、過去に縛られて、未来を絶望し、苦しんでいる。その罠にはまってしまうと、なかなか逃れられない。では、どうすればいいかというと、過去と決別し、今に集中することだ。

こういった相談は何度も受けているが、もはや答えはそれしかない。そうすれば、未来は自ずと切り開かれる。過去は変えられないのだから、思い悩んでも仕方がない。未来は「今」何をするかでどうにでもなるのだから、思い悩んでも仕方がない。人ができることは「今」何をするかということだけなのだ。

017

突き抜けられるかどうかは
能力の差ではなく、
意識の差

Positive causes lead to positive effects.

突き抜けられる人と、そうでない人の違いは、次の一点に尽きる。
物事を〝できない理由〟から考えるのか、それとも〝できる理由〟から考えるのか。
それだけだ。突き抜けられるかどうかは能力の差ではなく、意識の差なのである。

018

打席数が多ければ多いほど
ホームランの確率は上がる

You can't get a home run
if you don't stand at the plate.

僕だって、いままでにたくさんの失敗をしてきた。

でも、僕には失敗したという記憶がない。実際には、ただ忘れているだけだ。そう、失敗したとしても忘れて、そのときの状況から次に進めばいいだけのこと。

足が速くなりたかったら、ひたすら走ればそれなりに速くなる。そこで「なんで僕は足が遅いんだろう？」と考えても、走りこむ以上に足が速くなる方法なんてない。とりあえず走っていれば、筋力がついて速くなるのは確実だ。

失敗を恐れずに動き出そう。打席数が多ければ多いほどホームランの確率は上がる。

019

「見切り発車」でいい

Snap decisions work.

今できることをとにかくやっていくのが一番の近道だ。何が正解かなんて僕にもわからない。大事なことは、走りながら修正して改善していくことだ。

失敗を減らすために事前に情報収集したいという気持ちはわからなくもないが「100%失敗しない方法」なんて、ない。むしろ、そうやって迷うことで、時間を無駄にしてしまっているケースが多い。「その日の課題は、その日のうちに必ず解決」しながら、「見切り発車」で進んでいくべきだ。

020

ブラック企業に しがみつくな

You can always walk out.

企業はバイトや社員を強制労働させているわけではないのだし、気に入らないのなら辞めればいいいだけだ。

法的にアウトな違法労働があるのなら、そういうときは労働基準監督署の出番だ。牛丼屋のバイトだろうが、電通だろうが、「辛い」「嫌だ」と感じたら辞めればいいだけだ。

バイトや会社を辞めると、「親が、妻が、同僚が何て言うだろうか」という「感情」がジャマをしているのかもしれない。

しかし、世の中にはおもしろいことがあふれている。「嫌なら辞める」ができるようになるだけで人生は一気に動き出す。

021

とにかく数をこなすしか上達の道はない

*The more frequently you try,
the better you can be.*

正直、緊張しないための即効薬はなく、とにかく場数を踏みなさいとしか言えない。

シンプルに言うなら「慣れ」だ。

「慣れる」ことで、そのシチュエーションにいつものメンタルで臨めるように体に覚え込ませるしかない。

だから、社内で上司と話す機会があるのなら、積極的に話せばいいし、多くの人を前にしたプレゼンもとにかく数をこなすしか上達の道はない。

すぐに緊張しなくなるわけではないが、やり続け、慣れることで必ずコミュニケーションはうまくなるし、プレゼンなどにも臆することなく臨めるようになる。

022

自分で動き出すと、面白い人との出会いが増える

If you knock on doors,
you can meet so many interesting people.

自分で動き出すと、面白い人との出会いが増える。

これは刺激的だ。止まらないで行動することの、最初の報酬と言える。

面白い人と付き合っていると、さらに面白い人との出会いの機会が増えていく。

当たり前だが、面白い人と一緒にいると、クソつまらない上司や同僚のいる会社になんか、バカらしくて通っていられない。

良質な人脈（あまり好きな言葉ではないが）をつくるには、面白い人に自分から会いに行く。このシンプルな方法しかない。

023

まずは、死ぬほど努力してみる

Try your utmost.

当初はまったく注目されなかったのに、人の数倍の努力を積み重ねて大きく成長した人物は世の中に山ほどいる。しかし、彼らを目にしたとき、多くの人は「あの人には才能がある」と言ってしまうのである。要は、目覚ましい成果を上げた人や、いわゆる成功者たちの「現在の姿」ばかりを見ているのだ。

「わたしには才能がない」と言うことは、「わたしはいまのままで満足」と言っているのと同じこと。だったら、もうそのままでいいではないか。

024

リスクを小利口に計算しない
バカさ加減が、
イノベーションを生み出す

First come, first served.

リーダーに能力の有無は関係ない。これが僕の持論だ。

僕がいつも「早い者勝ち」と言うのには理由がある。というのも、率先して手を挙げる「行動力」にこそ、能力以上の価値があると僕は考えているからだ。率先して手を挙げるリーダーは、行動力と瞬発力とやる気に満ち溢れている。

仮にそのリーダーは「バカ」でもいい。というか、真っ先に行動を起こす人間は良い意味で皆バカだ。僕もバカだ。成功している起業家にもバカが多い。

リスクを小利口に計算せず、いや、しようともしないバカさ加減が、イノベーションを生みだす、僕はそう信じている。

第2章

自分のアタマで考える

025

情報メタボになるな

Listening to the wisdom of crowds can make us grow.

ＳＮＳ上でアウトプットすることは非常によい訓練になる上に、より知識を深めることができる。最近では、ＳＮＳやネット記事を見て情報収集するだけの「情報メタボ」が非常に多い。得た情報をＳＮＳ上でアウトプットし、多くの人の意見を取り入れることで、より多角的な視座を手に入れることができる。「インプット」と「アウトプット」、両方のバランスがとれているとき、人は格段に成長できるのだ。

026

人を現状に縛りつけようとする、恐怖心そのものが怖い

Fear of change ties us at the status quo.

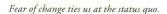

言われたことを続けてさえいれば、叱られたり責められることはない。

その根底には、恐怖心がある。人と違うことをして、批判されるのが怖い。失敗したときに笑われたり、嫌われたりするのが怖い。

本当は誰も笑わないし嫌ったりもしないので（たとえそうだとしても何が困るのか）、頭でつくり出した幻想に怯えているだけだ。

新しいチャレンジに、リスクは何もない。

むしろ、同じことをやり続ける方がリスクだ。同じことの繰り返しは、得られるはずのチャンスや儲かるビジネスを逃していく。

というような話を、いろんなところで言い続けているのだが、みんなちっとも動きだささない。

人を現状に縛りつけようとする、恐怖心そのものが怖いと私は思う。

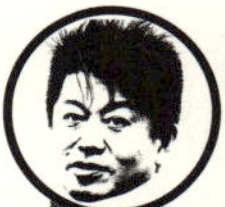

027

現状をきちんと把握しているか

You need to know where you are.

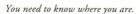

勉強でも仕事でも現状をきちんと把握することはとても大切なことなのだ。それができていないと、大してやってもいないのに、やってるつもりになり、結果が出ないことを嘆く。それはちょっとカッコ悪い。

028

ググれ、カス

“Google it, idiot.”

「堀江さんは、まるで脊髄反射のように『ググれ、カス』と言う。冷たい人だ」

僕のことをそう評する人がいる。でも、寄せられる質問一つ一つに、丁寧に対応し始めると、僕自身がパンクしてしまう。

「ホリエモンはなんでも知っている」と思われているから、常に質問攻め。

たまには「ググれ、カス」と辛口な口調で返さないと、僕自身が「人間検索エンジン」みたいになってしまう。つまり、いかなるときでも、「人に聞く」という安易な生き方をしていてはだめ。「自分自身でググる（調べる）こと」が大事なのだ。

029

「ロールモデル」なんて、探さなくてはいけないわけでもない

You have to learn it for yourself.

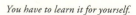

仕事は教えてもらうのではなく真似して勝手に覚え、自分なりに改良を加えるのが基本だ。真似をして「なんでこの行動をとるのだろう?」と考えれば、その行動の理《ことわり》が見えてくる。それは、別に会社にいるからできるものでもない。

成長したいと思うなら、自分で考えて動けばいいし、大人なのだからなんでも教えてもらえると思っている方が間違っている。会社から給料をもらいながら、勉強をさせてもらおうなんて方が甘いし、自分が雇い主の立場に立って考えてみれば当然のことだと思えるだろう。

ロールモデルなんて会社の外でも見つかるものだし、そもそも探さなくてはいけないわけでもないのだ。

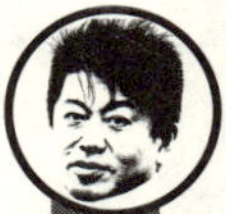

030

「バカ真面目」はタチが悪い

Only a fool takes everything seriously.

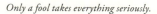

「一つひとつの仕事に全力投球しなければ不誠実だ」と考えるバカ真面目が、あまりにも多いことに驚く。

そういう人間ほど仕事が遅く、量も質も悪かったりするからタチが悪い。

たまに手抜き仕事をしたって、誰も気づきやしない。すべてに全力投球もいいが、それで力尽きてしまっては元も子もないのだ。

031

“スーパー保守の人”たちに付き合っていると、時代に取り残される

Hang out with super cautious people and you'll get left behind.

これだけ変化のスピードが早くなっている時代に、「とにかく貯金が善」とか「額に汗して」とか、ゼロレバレッジに固執する〝スーパー保守の人〟たちに付き合っているようでは、どんどん時代にとり残されてしまいます。

さらに罪深いのが、世界全体でみれば、すでにレバレッジはかかりまくっている状態だという事実を一般の人がまったく知らないということ。お金を借りてはいけないゼロレバレッジの世界であれば、日本のGDPが550兆円になることなどまずありえないのです。

そうした現実を無視して、いまだに「貯金は美徳である」という〝ウソ〟を繰り返している人たちは何なのかと、本当に疑問に思います。

032

東大なんて
テクニックで受かる

Getting into Tokyo University is just a matter of knowing the drill.

ウチの中高では、トップクラスのヤツらが6年間ずっと勉強ばかりしてるわけですよ。なんでこんなに長い間勉強ばかりやってるのか、僕には意味がわからなかった。だって受験勉強なんてテクニックさえ工夫すれば、誰だって点を取れるじゃないですか。センター試験なんて、あんなものは過去問を10年分丸暗記したり、ポイントになる問題集を全部丸暗記しちゃえばいい。

033

「国家」も「国民」も〝ヴァーチャル〟な存在だとは言えないだろうか？

Wouldn't you say "the Nation" and "Nationality" feel like virtual reality?

しばしば僕の発言は、ネット上で大炎上し、「売国奴」呼ばわりされることがある。国防や天皇制について口を開けば、ほぼ100％「売国奴」の大バッシングだ。

しかし、そもそも「国家」も「国民」も〝ヴァーチャル〟な存在だとは言えないだろうか？

「海の上に散らばっている島のここからここまでが日本という国で、そこに住んでいる人たちはみんな日本人」という意識は、明治維新以降、人工的に作り出されたものだ。日本が一つの国家としてまとまったのは、ごく最近のことなのである。

034

「お勉強」は受動的、「学び」は能動的

Schoolwork is passive,
while studying is active.

「お勉強」は、あくまで受動的な行為である。学校のカリキュラムに沿って教師の話を聞いたり、テストを受けたり、計算ドリルを解いたりすることがこれに当てはまる。企業の思惑通りに動く社員を養成する研修も同じだ。要は「与えられたものをこなす」作業である。

当然ながら、ここには「与えてくれる」存在がいる。「お勉強」には、教室を用意し、テストの問題を作り、正解まで導いてくれる〝大人〟が不可欠なのだ。

対して「学び」は、常に能動的だ。未知の領域に足を踏み入れ、新しい体験や考え方を味わうことのすべてがこれにあたる。だから、場所は学校や企業に限定されないし、正解もいらない。すべては、「自分で切り拓いていく」営みなのである。

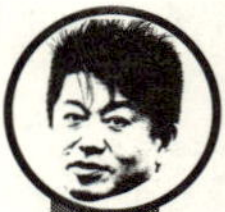

035

チャイナマネーは「脅威」じゃない

Chinese money is not a threat.

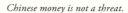

いま世界で最も余りまくっているのはチャイナマネーだ。インターネットの登場で世界が完全につながったいま、日本人はこのチャイナマネーのパワーを取り入れる必要がある。

だが、近ごろは「国が買われる」「中国人に侵略される」といった内向き思考の言動が多く、まったくおかしな話だ。しかもかつての既得権益層だけではなく、若者にまでそのように感じる人が増えている。隣国ゆえの複雑な感情があるのかもしれないが、中国人がわざわざ日本に投資してくれるならまったくけっこうな話ではないか。日本の価値が上がるし、税金まで払ってくれるのだから。

036

変化に耐えられる「柔軟性」を身につけよ

To withstand change,
learn “flexibility.”

社会が変化するスピードがどんどん速くなっており、常に先行きは不安な状況です。そのなかで、みなさんにぜひとも身につけてほしい力があります。それは、どんな変化にも対応できる「柔軟性」です。

変化というものは突然ではなく、徐々に起きるものです。そして一瞬では終わりません。そこで「生き残れる人」がいるとすれば、それは状況に合わせて判断や行動ができる人です。

たとえば、株の世界では「暴落のときは損切りをせよ」というのが鉄則です。買った時の半値になっているような場合には、とにかく売れといわれています。そのうえで、儲かるところへ投資すればいい。そのように冷静に切り替えられる人は、最終的に利益を確保できるはずです。

037

アジアの勢いをなめてはいけない

The economic growth in Asia is unstoppable.

アジアの勢いをなめてはいけない。僕はここ15年くらい、毎年のようにタイのバンコクに行っていますが、タクシーに乗るとその国の経済レベルがよく分かるんです。例えば、15年前のバンコクはタクシーに乗っていて信号で停まると、必ずホームレスの子たちが花を売りにきたり、お金をもらいに寄ってきたんです。それが今はもういないですからね。あれはすごいバロメータですよね。

感情より目的

038

「対面至上主義者」「エモーショナル野郎」になるな

No-one ever made a rocket in a meeting.

「直接会わなければ熱量が伝わらない」「直接、目を見て話さないと真意がわからない」という輩については前で述べたとおりだが、そんな人たちには「対面至上主義者」「エモーショナル野郎」というあだ名をつけて、警戒している。彼らは「感情を動かす」ことに重きを置きすぎている。それより、アウトプットの質を高めたり、よりマネタイズしたり、パフォーマンスを一層向上させる方法について、頭を使って考えるべきだ。

039

相手に自分をさらけ出せば相手にも正しく気を遣ってもらえるようになる

If you are true to yourself,
others treat you with truth.

よく心理学テクニックみたいな本が出回っているが、眉唾《まゆつば》ものだ。そもそも誰もが本当に人の心が読めるようになる本があるのなら、その一冊で十分だし、こんなに続々と出版されるわけがない。

ものすごく付き合いが長い人でも、「こんなことで怒るんだ?」と思うこともあるように、相手の心を読んだり、すべてを理解することなんかできるわけがない。

自分にできるのは相手に対して自分をさらけ出すことと、自分の望みをできるだけ詳しく伝えることしかない。

自分を少しでも多く知ってもらえれば誤解を与える可能性を減らせる。それに、内心では何を考えているかわからない人には、なかなか心は開きづらいものだ。相手に自分をさらけ出せば、相手にも正しく気を遣ってもらえるようになる。

040

人に期待しすぎない

If you expect nothing from other people you are never disappointed.

僕だって、信頼していた人間から裏切られたことは何度もある。ライブドア騒動のときには、散々な目に遭った。しかし、人間関係は「裏切られて当たり前」くらいにドンと構えていたほうがいい。

人を信じるのはいいが、過剰に期待しすぎない。カネやモノを貸すときには、返ってこないものとして最初からプレゼントしてしまう。こういう気構えで過ごしていれば、人間関係のもつれによってストレスを抱えこむことはない。

041

結婚なんてしなくてもいい

Stick to your own path.

今時「結婚」などという契約を結ばなくても、一歩踏みだせばいろんな人とつながって、楽しい時間をいつでも共有することができる。

「でも、老後に寂しくなったらどうするんだ？」「介護が必要になったらどうすればいいんだ？」と、「でもでも厨」にそう反論されることもある。

しかし、これから社会全般にテクノロジーが普及していくことを考えると、僕自身が寂しさを感じたり、孤独死を迎えたりということはありえないと思っている。

042

時価で考えれば、損した得したという考え方をしなくなる

Always evaluate at the current price.

常に時価を見ること。

時価の高いところに、投資をかける。

たったそれだけのことだ。

例えば100社に投資できる資金があったとしたら、どこに投資するか。そのとき、時価の高いベスト100社に投資するのが正しい。上位100の順位が入れ替わったら、上がってきた方に投資先を入れ替えればいい。

時価で考えれば、得した損したという考え方をしなくなる。

常に価値は変動しているし、ここにさえ投資していたら安心という銘柄は、どこにもない。損得勘定で動いていたら、株価の上下に振り回されるだけで、そのうち資金が尽きるだろう。

043

未来が不安なんて暇人の言うことだ

Only those who have nothing better to do would worry about the future.

インターネットが社会を刷新し、誰もがスマートフォンを持つ時代は、何を意味しているのだろうか？　世界が急速に小さくなり、これからは〝日本のあなた〟ではなく、〝世界のあなた〟として生きていかなければならないのである。周りの顔色を見て自分を演じているようでは、当然「価値のない人間」になってしまう。

こうして現実を突きつけられると、不安に思う人がいるかもしれない。しかし、未来に悲観することはない。あなたの心がけ次第で、人生はいかようにも変えていける。

未来が不安なんて暇人の言うことだ。

044

質問力を上げていくのは、すごく簡単だ

Pure curiosity can improve the quality of your questions.

質問力を上げていくのは、すごく簡単だ。

「新しいことを知りたい」という気持ちで、自ら情報収集と発信に努めれば、自然と上がる。

そうすれば知識レベルは向上して、いい出会いに恵まれる、儲かるビジネスチャンスをつかむ確率も高まる。

なのに、どうして動き出そうとせず、古い固定観念にしがみついているのか……。

045

継続には、ストレスのかからない工夫が必要

Under a stress-free environment, one can work for ever.

僕が休むことなく週1のメルマガを続けられているのは、マメでも真面目だからでもなく、継続するために、ストレスのかからない工夫をしているからにすぎない。

世の中には締め切りや納期にルーズな者も多いが、僕は締め切りは絶対に守る。周知のように、僕は毎晩のように出かけて、2次会、3次会と飲み歩いている。

しかし、思いきり遊んでいるからといって、原稿が後手後手になったり、「面倒くさいからメルマガの仕事なんて先に延ばしてしまおう」と思ったことは一度もない。

やるべき仕事は酒を飲んで酔っぱらう前にやっておけばいいのだし、毎日効率化してさっさとこなせば溜まることもない。

046

最初の一歩を踏み出せないのは、その人が持つプライドがかなり影響している

Your pride is a burden to a new future.

多くの人が最初の一歩を踏み出せないのは、その人が持つプライドがかなり影響していると思う。

「大企業に就職しないと恥ずかしい」

「いきなり会社を辞めたら、みんなにどう思われるだろう」

こんなことを考えてすぐ人の目を気にするのは、余計なプライドに囚われているからだ。逆に考えるとわかりやすい。大企業に就職しなかった人をあなたはずっと笑い続けるだろうか？　会社を辞めた同僚について毎日噂し続けるだろうか？　そんなことはまったくないだろう。

要は、多くの人は自意識過剰なのである。

047

人間の記憶ほど いい加減なものはない

There is nothing more vague than human memory.

人間の記憶ほどいい加減なものはないんですよ。だったら、みんなの記憶なんて全部塗りつぶして、新しいイメージで上書きしちゃえばいい。そのうち「堀江って昔、何かすげえ罪で捕まったらしいぞ」みたいな言説ですら、「えっ、そんなのウソでしょ。都市伝説でしょ。フェイクニュースだよ」となりますから。ググれカスと言いたいけど、ウィキペディアすら調べようとしない横着者が世の中にはあまりにも多い。ということは、負の歴史なんてあっという間に忘れ去られるんです。

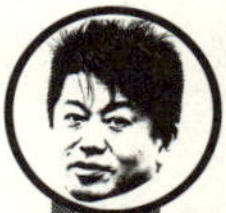

048

なんでも知っている人など この世にはいない

No one knows everything.

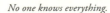

「無知を恥」と思い込んでいるのなら、今すぐその考えを捨ててほしい。なんでも知っている人など、この世にはいないのだ。

しっかりとした質問をしようとすれば、それなりの知識や教養も必要になる。質問すればするほど、頭の中がアップデートされていくはずだ。質問しなくなったとき、あなたの成長は止まる。死ぬまで質問し続けよう。

049

誰もあなたのことなんて興味がない

Nobody is concerned about you as much as you are.

ホテル生活の僕は、服や下着はホテルのクリーニングに洗ってもらう。そのことについて、「堀江さんはホテルのクリーニングにパンツを出すのは恥ずかしくないんですか」と聞いてくる者がいるから驚いた。

自分とは関係のない他人にパンツを見られることなんて、何とも思わないに決まっている。

なのに「パンツを見られたら恥ずかしい」と思い、自意識過剰になってパンツだけ自分で手洗いする。まったくもって愚の骨頂である。

こういう人は「誰もあなたのことなんて興味がない」ということに早く気づくべきだ。

050

自分自身に油断しない

You can't just sit back and wait.

自分がハマれる好きなことが見つかり、情報のインプットとアウトプットも積極的にできている。

そんなときに大切になってくるのは、「自分自身に油断しない」ことだ。イチロー選手の活躍や言動を例に見ていると、「油断」という言葉とは無縁だ。2016年8月、ついにメジャー通算3000本安打の金字塔を打ち立てたが、とあるインタビューでこんなことを言っている。

「僕は天才ではありません。なぜかというと自分が、どうしてヒットを打てるかを説明できるからです」

イチローは生まれつきの「神がかり的な野球の天才」ではなかった。しかしイチロー選手は「〝誰でもできること〟を、〝誰にもできないほどの量〟を継続したから結果を出せた」のだ。

051

「所有＝幸せ」という幻想

Possessions = happiness?
That's no equation.

インターネット登場以前における「豊かな人生」の条件は、なんといってもモノの「所有」、ストック量だった。お金や土地、家、車など、みんなが欲しがるモノをどれだけ多く手元に置いているか。これが社会における絶対的なステータスであり、人の幸福度を左右する重大事項だったのである。

こうした価値観は、今もなお多くの人々が引きずっている。「お金がないから幸せになれない」と思い込んでいる人は多い。親が子どもをいい大学に入れようとするのも、要は、モノをたくさん「所有」できる人生こそが幸福だと思っているからだ。

しかし、インターネットの登場によって、この価値観はすでに崩壊している。

第3章

「ワクワク」する

052

「ワクワクしないこと」は アウトソーシングする

Outsource the stuff that doesn't excite you.

限られた時間しかない人生。いつも多動でいるために一番大事なこと。

それは、1日24時間の中から「ワクワクしない時間」を減らしていくことだ。嫌な仕事はどうしたって気が進まない。効率も悪くなるし、能力だって発揮できない。

そんなものを背負っていたら、身軽に、そして大量のプロジェクトを動かして生きることなんてできやしない。

僕は今、ホテル暮らしだから掃除や洗濯などの家事は一切していない。僕が夢中になっているプロジェクトが掃除なのであれば、喜んで掃除をする。しかし、僕にとって掃除は一切ワクワクすることではない。限りある時間をそんな非生産的なことには使っていられない。

だから僕は「人生でやることリスト」の中から、「掃除」を完全に捨てたのだ。

053

不老不死の時代がやってくるかもしれない

The future may bring a life without senility and death.

「不死」という分野には多くの投資がなされている。僕自身も関心を持っているが、不老不死は人類の夢だ。

かつてＨＩＶが世界中に広まった途端に莫大な資金が集まり、ものすごい勢いでエイズの治療薬開発が進んで、今や死なずに済む病気になったように、みんな当たり前に老化すると思っていたけれど、不老不死になったという時代がそう遠くない未来にやってくるのではないだろうか。実現性はともかく、未来は自然にその方向に向かっていくだろう。

054

やりたくないことを
やめることで、
人生を動かしていく

Energize your life by dropping the things you don't want to do.

仕事を選ぶ勇気を持とう。いますぐ「受けない仕事リスト」をつくって実行しよう。あなたが気に入らないなら、やる必要はない。むしろ、やり続けるからいつまでも嫌な仕事がなくならないのだ。

あなたにとって大切な仕事は逃げない。やりたくないことをやめることで、人生を動かしていくべきだ。

055

好きなことをしていれば、人は幸せでいられる

Make something you like into your job.

大切なことは大金を持つことでも、生活を維持するためにきゅうきゅうとした気持ちで働き続けることでもない。本当に大切なのは、好きなことで生きていくことだ。好きなことをしていれば、人は幸せでいられる。私の知っている〝好きなこと／楽しめることに邁進している人〟も、皆一様に幸せそうな生活を過ごしている。

夢を叶えられる人間は一握りだと、挑戦することを最初から諦めてしまってはいけない。現代は技術革新により旧態依然の成功とは違うカタチの成功が誕生し、それに伴い新しい働き方が増え続けてきている。

「〝好き＝遊び〟を仕事にする」ことは決して難しい時代ではない。

056

所有欲ほど ムダなものはない

The desire to possess will bring you nothing.

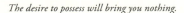

僕には所有欲もほとんどない。さすがにスマホだけは持っていたいと思うが、いまの僕には家も車もないから、経営者としてはかなり異質なほうだろう。

でも、実に多くの人が所有欲に囚われているように僕には思える。まず、いったん所有欲に縛られると、「あれがほしい」「これを手に入れたい」と所有物のために働くようになり、本当に自分がやりたいことに集中できなくなる。

また、所有物が価値を判断する基準となるため、自分が持っていないものを持つ人を妬んだり、持っているものを失うことを恐れたりと、心がまったく休まることがない。それはやがて心を欲望まみれにし、パフォーマンスを確実に下げていくだろう。所有欲ほどムダなものはないのだ。

057

猛烈に何かを極めたければ心の「ストッパー」を外して極端なまでに詰めこむ

Take the boundary off your heart.

多くの人は、自分の枠を勝手に決めてしまっているのだ。

会食は1日1組、ライブは1日1回、デートは1日1人……などなど。

そんな常識は誰かが勝手に決めただけで、何の根拠もない。

猛烈に何かを極めたければそんなストッパーなんか外して、極端なまでに詰めこまないといけない。

他の人がのんびり平均的な人生を過ごしている間に、次から次へとハシゴして、他の人がたどり着かない高みまで登ってしまおう。

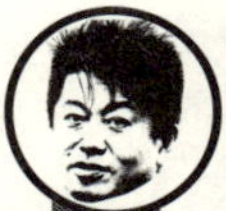

058

「いいね！」のシェアが世界を動かす

Clicking "like" moves the world.

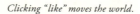

これから人々の幸福の指標となるものは何か？

「感情のシェア」である。

あなたが自分自身の「楽しい」や「嬉しい」「気持ちいい」といった「快」の感情をシェアすると、そこにたくさんの賛同者（いいね！）が集まり、つながっていく。そして、そのつながりが関わった人たち全員に豊かさをもたらす。この共感が、これからの世界を動かす原動力なのだ。

059

「楽しい忙しさ」を生きよう

Love what you do
and you won't feel so rushed.

同じ時間だけ稼動しているのに、「忙しくて大変」と感じる人と「そこまで忙しくない」と感じてしまう人。

この差はどこにあるのだろうか？　答えは簡単。前者は「他人の時間」を生きる苦しい忙しさで、後者は「自分の時間」を生きる楽しい忙しさだからだ。

僕は「自分の時間」で忙しい。自分のことで忙しいので、忙しい状態が苦しいものではなく、むしろ楽しい時間であると感じてしまう。

060

惜しみなく与える人のもとには人がどんどん集まっていく

People come to you if you are a giving person.

自分がやりたいことをして生きようとしても、いつの間にか人に「見返り」を求めているることがある。そうなったら要注意だ。大体、本当にやりたいことをやっている人なら人になにかを求める必要はないし、むしろ自分が得た情報や知見を惜しみなく人に与えていくべきだろう。

実際、僕が尊敬している人たちはみな惜しみなく与える人ばかりで、そういう人たちのもとには人がどんどん集まっていく。人を惹きつける力がものすごく強いから、新しいアイデアもまたどんどん集まってくるわけだ。逆に、もらおうとしてばかりの人や、見返りを期待している人たちからは自然と人が離れていく。

061

〝副業〟って、ダサい

Part-time dreams don't come true.

僕のような人間からすると、「本当にやりたいライフワークである〝副業〟と、その周辺に派生する仕事で、人生を勝負すればいいじゃないか」としか思えてならない。けれども多くの人は「保険に加入しておかなければ」という感覚で、本業にしがみつこうとする。彼らのエクスキューズ（言い訳）はこうだ。

「副業だけでは、失敗したときに困るから」

「家族を養わなきゃいけないし世間体も大事。だから、本業の企業、組織に籍を置いておくことには大きな意味があるんだ」

これらの言い訳から放たれる、強烈な「リスクヘッジ」の匂い。言い換えれば「小利口」な感じ。僕はここに一種の欺瞞《ぎまん》というか、巧妙な逃げを感じるのだ。さらに踏み込んで言えば、こんな手合いが手掛ける副業とやらのクオリティなんて、まったく信用できない。

062

ショートカットできるのは、知恵を持っていて、自分の時間を大切にしている証拠

Take a short cut - time is precious.

僕は昔から、時間や労力の無駄遣いが大嫌いだった。それにかかわっている間に、僕にはやりたいことがいくらでもある。時間は有限、一日はたったの24時間しかない。だから、物事の効率化にはいつも頭を使ってきたし、お金も一切惜しまない。一つの目的を達成するためのアクションをどれだけスリムなものにできるか、それを常に考えている。

だから僕は、うまくショートカットしている人を見たときに「ずるい」などと批判する気にはならない。むしろ、「うまいなあ!」と称賛したくなる。ショートカットできるのは、知恵を持っていて、自分の時間を大切にしている証拠なのである。

063

「パソコンで世の中を変えられる」と確信した

I truly believed
“I can change the world on a PC.”

僕にとっての転機は中学生時代でした。小学生のときに見た映画「ウォー・ゲーム」（1983年）が衝撃的で、この映画のことがずっと頭から離れなかったんですよ。高校生のハッカーが北米航空宇宙防衛司令部（NORAD）のコンピュータに侵入してしまって、第3次世界大戦を起こしそうになるという話です。

「コンピュータってすげぇ！　これを使えば絶対世の中を変えられるぜ」と確信した僕は、「中学校の合格祝いにお願い」とか「ゲームじゃなくて勉強に使うために必要なんだ」とか適当なことを言って、新しいパソコンを買ってもらいました。

064

「社会にとって役に立たないこと」を、どんどんやった方がいい

Better do something that has no contribution to the world.

労働の大半をロボットが請け負う、本物のAI時代が到来する。その変化を、より意識しながら、あなたたちはお金を使っていかねばならない。

その意味で僕は、「社会にとって役に立たないこと」を、どんどんやった方がいいと思う。社会にとって役立つことは、機械に置き換えられるからだ。

今、役に立っている人は、仕事を失うという皮肉な現象が続出する。でもそれはネガティブな変化ではない。「貢献」「お役立ち」の概念が、刷新されようとしているのだ。

役に立たないことをしている人に価値が生まれ、仕事が集中する。ダイナミックな価値のパラダイムシフトが起きている。この変化を、受け入れてほしい。

065

仕事は娯楽であり、趣味であり、エンターテインメントであるべき

Work should be a leisure, hobby, entertainment.

嫌な仕事をするのではなく、楽しいことを仕事にした方がいいに決まっている。仕事は娯楽であり、趣味であり、エンターテインメントであるべきだ。誰かが替わってくれるような仕事なんてあっという間に機械に代替される。何よりも、好きなことを仕事にしている人の方が見ていても活き活きとしている。

「自分には何もない」なんて嘆かなくていい。人間なんて最初は何もない。ゼロの状態だ。

066

バランスなんてとることを考えずに、才能を磨くべき

Try not to flatten out your talent.

まずは自分の才能を突出させられるものを見つけるべきだと思います。で、そういうものが見つかったのなら「とりあえず、それをやろうよ」っていう風に親や先生の思考も変わっていくべきです。普通であること、バランスのとれた生活を送った方がいいなんて考えは捨てて、むしろ、バランスなんてとることを考えずに、才能を磨くべきです。だって、人間の能力って限界がありますから。

067

暇だと、ゴミのような感情があふれ出す

Boredom is the breeding ground of negativity.

脳は退屈が嫌いだ。「何も新しいことを考えるな」と命じられると、手持ち無沙汰のあまり、思い出を材料に「不安」「焦り」「嫉妬」といったゴミのような感情ばかり作り出す。逆に、考えるネタをふんだんに与えれば、「楽しい、もっとやりたい」という感情を放出する。子どものように単純なのだ。

068

この「いま」にお金を投入せずして、一体いつお金を使うつもりなのだろう？

Spend it while you have it.

貯金はムダ以外の何物でもない。たしかに、人生にはお金を一気に投入すべき場面はある。しかし、それは結婚するときでも、家を買うときでも老後でもない。ならば、いつなのか？

それは、まさにこの「いま」だ。人は「いま」しか生きられない。このいまにお金を投入せずして、一体いつお金を使うつもりなのだろう？　たとえば、この瞬間のやりたいことを我慢して、結婚資金を貯めているとする。でも、未来のあなたのパートナーは、「結婚式など不要だ」という考えを持っているかもしれない。そんなことは誰にもわからない。

069

速く安く働くやつが
いなくなれば
オートメーション化が進む

Led by an 'invisible hand'.

人手がなくなれば、なんとか人を集めようとして給料を上げるだろうし、機械化してそもそも面倒な仕事がなくなる。

速く安く働くやつがいなくなればなるほど、オートメーション化も進む。

さっさとやめたほうが、業界のためになるのだ。

070

発想力を鍛えるには「よく遊ぶ」こと

Play feeds creativity.

いいアイデアなんて突然降って湧いてくるわけじゃない。

ここでアイデアを生みだすトレーニング法も伝授しておこう。それは「よく遊ぶこと」に尽きる。発想力を鍛えて、自分の価値を上げていこうと思ったら。意図的に仕事を減らし、「オフ」を増やして遊んで暮らすべきなのだ。長い目で見ると、そのほうがペイすることが多い。

071

パクる

Just copy it.

何かアイデアを考えているのだが、なかなか妙案が浮かばない。そんな無駄な時間ばかり使っている人はいないだろうか。

こんなときには、うまくいっている先行事例を参考にさせてもらうのが一番だ。「オマージュ」という上品な言い方もあるが、「パクる」ぐらいの感覚でいい（もちろん法やルールなどに反しない範囲でだ）。

すでにうまくいっているものを取り入れるのだから、失敗する確率は低い。何もないところから革新的なサービスを生み出すのは、天才的なひらめきと運に恵まれていなければならないから難しい。

だが「パクる」というのは基本的には誰にでもできて、成功する確率も高くなる。そうであれば、まずパクればいいのだ。とにかく形にするところから始めるのが大事だ。

072

他人の時間を生きてはならないし、他人のためにも生きてはならない

Don't live someone else's life,
nor live for someone else.

時間は命そのものだ。お金などいくら削っても構わないが、あなたの時間はまさにあなたの命なのだ。

だからこそ、他人の時間を生きてはならないし、他人のためにも生きてはならない。他人を助けたり、援助したりするなと言っているのではない。もし助けたければ、他人を助けるという「自分の時間」に100%集中せよと言っているのだ。

073

そもそも、会社にいながら「人生を変える」という発想が間違っている

You're not going to change your life if you're working for someone else.

「人生を変えたい」と考えるビジネスマンは多い。そう思うということは、いまの仕事に納得できない部分がたくさんあるのだろう。ならば、なぜいますぐ会社を辞めてその状況を変えないのか？　僕にはさっぱりわからない。

そもそも、会社にいながら「人生を変える」という発想が間違っている。もちろん会社で本当にやりたいことをして、充実した人生を送る人はいる。だが、そうではない人がそれでも会社を辞めないのは、安心や安定を求めているからだろう。

だが、100%保証された安心など世の中には存在しない。そもそも、赤の他人に保証された安心などリスクが高いだけだ。かつて所属するだけで威張れた大企業がいま、次々と傾き、アジア人にどんどん買収されている。そんな企業に属して、家のローンや老後のことを考えながら嫌な仕事を続けて人生を送る。これほどクオリティオブライフが低い生き方がほかにあるだろうか？

074

「何歳まで生きたいんですか?」という愚問

"How long do you want to live"
is a stupid question.

しばしば「堀江さんは、何歳まで生きたいんですか？」と尋ねられることがある。そのたびに逆にききたいと思うが、そもそも「70歳になったら死のう」とか、「ここまで生きられたらもう満足」だとか、淡々と死期に向かって生きている人なんているんだろうか。愚問だ。僕にはそういうネガティブな発想はない。

075

真剣に遊んでいるのと、真剣に仕事をしているのはイコールだ

Don't just work hard,
play hard.

興味の赴くままに好きなことにハマると、それが後で思いがけないものにつながるものなのだ。ハマっているときは、その知識がいずれ何かの役に立つなんて考えてもいないし、そもそも将来を見据えて事前に何かにハマるなんてことはない。

だから、好きなことや興味のあることにハマりまくって、後からその「点」をつなぎ合わせて「線」にしていけばいい。

そうやって遊びを楽しんで、ハマっているうちに、気がついたころにビジネスにつなげられているはずだ。僕にとって、真剣に遊んでいるのと、真剣に仕事をしているのはイコールだ。遊び尽くした先に、もっと楽しい遊びがあることも経験している。だからいったんハマったものは全力で楽しむ。「好きなことを仕事（お金）にできないか？」という考え方もできるようになる。

076

100分の1の才能を3つ作れば100万分の1の人材になれる

Three 1 in a 100 talents?
You're one in a million.

100×100は1万で、10000×100は100万なので、100分の1の才能を3つ作れば100万分の1の人材になれるということなんです。しかも、できればそのうち2つの100分の1は近い分野がいいんです。例えば、勉強ができて税理士の資格を取りましたとかね。で、もう1つは全く別のもので100分の1になりましょうと。そうすると、結果、どうなるかと言えば、自分が100万分の1の人材になれるんです。その100万分の1の人材ってオリンピックで金メダルを取るくらいの確率です。そうなれば、すごく稀有な人材になれる。

第4章

「感覚」を信じる

077

大人は邪悪な存在だから従わなくていい

Don't get brainwashed by mean adults.

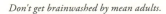

私は親にも先生にも一切、従わない。遊ばないで勉強しなさいとか、しつこく言われたけれど、私の楽しい時間を邪魔する、邪悪な連中だと思っていた。

バカにしている部分もあった。偉そうに言うけれど、俺の方が頭いいんだから、バカは黙っていろと思っていた。

反省はしていない。実際、親も先生も本当にバカだった。

子どもに遊びを禁止する論理的な理由が、まるでない。

遊びのなかに教科書の勉強と同等かそれ以上の、発見と知恵があるということが、認められない。いや実は、頭では認めているのだが、遊びと勉強はどちらも有用で、役に立つんだと指導できるスキルを、持っていないのだ。

だから頭ごなしに叱りつけて、子どもを洗脳しようとする。

多くの子どもは、その洗脳に引っかかってしまうが、私は洗脳されなかった。

078

不動産投資は〝ババ〟の引き合い

Any real estate bubble will burst.

不動産投資というのは最終的に〝ババ〟の引き合いである。そもそもの土地に付加価値がないので、情報量が少ない人にババが渡り、どこかでリーマンショック的なバブル崩壊が起こると、誰かが大損をしてリセットされる仕組みである。供給過多のタワーマンションも、いつかは破綻の日が来るのは当たり前のことだ。

079

日本はツイッターやブログの利用率が世界一高いというが、それは忖度カルチャーによる「言えないストレス」の反動

The stress of the 'Shut Up' culture in Japan.

面白いことに僕が思い切った発言をすると「よく言ってくれた！」と勝手にヒーロー性を見出して称賛する人と、「おまえはなぜ俺と同じように我慢してないんだよ！」と、お門違いの怒りをぶつけてくる人とに分かれる。

特に日本のＳＮＳでは後者の「我慢しろ」系の人の熱量が高く、議論の本筋とはズレた意見でも人の目に留まりやすく炎上しやすい。日本はツイッターやブログの利用率が世界一高いというが、それは忖度カルチャーによる「言えないストレス」の反動なんじゃないかと僕は見ている。

080

ロジックと感情は別物として等価に扱うべき

You can still express your anger to the logic you surrender.

感情を見せるのはレベルが低く、冷静であることが優れていると見なされがちだが、僕は変にストレスを溜めないためにも、ロジックと感情は別物として等価に扱うべきだと思っている。

たとえ相手の主張がぐうの音も出ないほど正論だったとしても、聞いていてムカついたら「言っていることは正しいけど、その言い方はムカつく！」と表明していい。相手が正しいからと言って黙らなくてもOKなのだ。

081

常に全力で走っている
サッカー選手は二流である

First class players cut corners.

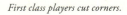

重要なのは、たまに手を抜くことである。

常に全力で走っているサッカー選手は二流である。試合開始から全力を出し続けていては、肝心のチャンスで100%の力を発揮することはできない。

メッシのような超一流選手は90分の試合のうち大半をサボっていて、ここぞというときに一瞬の隙を突いて得点を奪う。

緩急を使いこなすことこそ仕事の本質だ。

西麻布で目撃

082

「信用」を売りにしたビジネスは成り立つ

Trust and privacy is paramount.

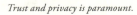

西麻布によく行くシーシャバーの店長から聞いた話なのだが、そのシーシャバーには私を含め、多くの有名人が訪れる。

そこで店側は、有名人が来店していることを把握でき次第、ツイッター上など、SNSでその有名人の名前を検索し、監視するそうだ。そうすることによって、他の客が盗撮したり、「今、～が店にいるよ」と書き込むことを防いでいるのだという。

週刊誌などに有名人の行動がバレるのは、周りの客のネットへの書き込みがきっかけとなっていることはよくある。有名人がよく通うようなレストランなどでは、このような対策を取ると有名人たちも安心して来店できるようになると思う。得して、一度週刊誌に撮られた店には近づきたくなくなるものなので……。

飲食店だけでなく、それなりの客が訪れる場所がこのようなシステムを採用すれば、信用を得るという意味では大きいと思う。

083

僕は自分のため、相手のためにもあえて本音を言う

Be honest even if it hurts.

僕は自分のため、相手のためにもあえて本音を言う。

まず相手が気づいていない場合は、そもそも言わないとわからない。そのほうが相手のためだし、結果的に自分にトラブルが降ってくるのを防げるはずだ。中途半端な言い方やその場しのぎの答えでは、あとあと重大な問題に発展することがある。

もちろん、公式な場で言うと相手に恥をかかせることもあるから、それはケースによって、プライベートのときに言うこともある。

そして、何より自分にストレスを溜めたくない。

ストレスを溜めないために「嘘も方便」的なことをするという人もいると思うが、それによって「あの言い方でよかったのかな」「こちらの意図が伝わったのかな」「これで仕事がうまく進むかな」と気をもんでしまったら、結果的にストレスを溜め込むことになる。

084

求められるのは「何を検索するか」「何を知るか」——その「何を」を察知するセンス

You need to know what you need to know.

あらゆるツールがそろった時代に、求められるのは古い常識や、内側へ向いた慎重さではない。

「何を検索するか」「何を知るか」――その「何を」を察知するセンスだ。

そのセンスを磨くためには国境ではなく言語圏をまたいで多動することが求められている。

では、そのセンスはなんのために磨くのか？

それは未来が見えれば必ず勝てるからだ。

人よりも何倍も情報収集ができれば、必ず未来が見えてくる。未来が見えるようになれば必ず勝てる。情報は、ものすごく大事なのだ。

085

美味しいものを食べ
ぐっすり眠って
いつまでもクヨクヨしない

Don't dwell on past mistakes.

失敗をいつまでもクヨクヨしている人は、人間の本能に忠実に生きるべきだ。本来、嫌なことは一刻も早く頭から消し去りたいはずだ。だったら、その場で再発防止についてちゃんと考えたら、あとは忘れてしまえばいい。食欲があれば美味しいものを食べればいいし、疲れているならぐっすり眠ればいい。もうその時点で、過去は考えないことが大切だ。

僕自身、失敗したことを忘れるということは本能的にやっている。失敗したことを覚えているのは、次に失敗しないように行動を抑制する脳の機能なのだろうが、いつまでも引きずっていたら何もできない。次の行動をおこすために失敗したことを忘れるという機能も脳には備わっているはずなのだ。

また周囲の人の多くも、失敗なんて覚えていないのが現実だ。

086

「ウソをウソと見抜ける力」をきちんと持つ

You need an ability to spot lies.

既存の証券会社などは長年にわたり、一般の個人投資家に情報公開をしてきませんでした。どこかに、株式投資はお金持ちのものだという傲慢な気持ちがあり、それが資本家にとって都合のよいルールをつくりだしていたのかもしれません。投資は一部の人がやるべきだというのは、明確な「ウソ」です。

こうして、誰かにとって都合のよい、多くの人にとって不合理なルールがまかり通ってしまっています。だから、皆さんには「ウソをウソと見抜ける力」をきちんと持っていただきたいと思います。そうすることによって、情報の格差を打破し、より公平でワクワクする社会になるのではないか、と考えています。

087

「電話に出ないキャラ」になると決めている

Only idiots make a phone call.

「自分の時間」を奪う最たるもの。それは「電話」だ。

僕は「電話に出ないキャラ」を確立している。

電話で話す必然性のない用事なのに、やたらと気軽に人の電話を鳴らす者がいるが、僕は絶対に応答しない。

相手がどんなに偉い人であろうが、僕は「電話に出ないキャラ」になると決めている。電話は多動力をジャマする最悪のツールであり、百害あって一利ない。

仕事をしているときに電話を鳴らされると、そのせいで仕事は強制的に中断され、リズムが崩れてしまう。

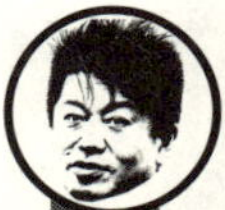

088

仕事も「トリアージ」で仕分ける

Triage is for work, too.

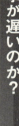

大量のケガ人や被災者があふれている現場では、ただちに救命救急医療を施さなければ命が危険な患者を、最優先して対処する。続いて重傷者に対応し、軽症の患者は申し訳ないが最後まで待ってもらう。

冷酷なまでに「トリアージ」で仕分けしなければ、災害や事故の現場では助かる命も助からなくなってしまう。

これと同じ作業を、どんな仕事でもやるべきだ。

仕事がデキない人、仕事がやたらと遅い人は、入り口の段階で仕事の仕分け作業ができていないことが多い。優先順位をつけず、手近にあるどうでもいいことから始めてしまうから、大事な案件とどうでもいい案件が玉石混淆《こんこう》になってカオスに陥るのだ。

仕事で行列ができてしまうのは、単純にオペレーションが悪いのだ。

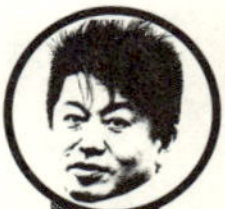

089

ニッチな市場で実績を出すのが一番

Strive well in a new niche market.

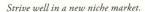

有名でもないし実績もない。そんなあなたが成功体験を得るためには、ほかの人とは違う、ニッチな市場で実績を出すのが一番だ。

ほかの人と同じ市場で戦っても、良くても同じ結果にしかならない。

新しい工夫やアイディアがなければ、ほかとも差をつけられない。

挑むこと自体が、自信にならないとは言わないけれど、その自信は極めて小さいと思う。

新しい何かを生み出すからこそ、自信は大きくなる。

ほかにライバルが少ないフィールドで勝つことが、たしかな成功体験になる。

誰も思いつかないこと、ニッチなことに取り組んで、成功する。それが次のさらなる高いステージへ挑む、活力にもなるのだ。

090

これからの時代に必要とされるのは「検索力」

Well-developed searching skills are the key to the future.

これからの時代に必要とされるのは「検索力」だ。下手に暗記するより検索したほうがよほど正確だし、曖昧な記憶で仕事や議論をされたら非効率でたまったものではない。誤った情報をもとに重要な判断をすることにもつながり、悪いことだらけだ。

それに対し、検索力を上げると、まず人に頼らずなんでも自分で調べるクセがつく。丸暗記とはまるでちがう理解につながっていくのだ。

また、検索がうまくなればなるほど正確な情報を見分ける目も養われ、それをもとに考える力がついていく。まさにこれこそが検索の目的であり、ただ答えを得るためではなく、検索した情報をもとに多くの人と建設的な議論やコミュニケーションを交わすことができるようになるのだ。

091

優秀な人はたいてい自分から発信している

Excellent people get themselves known in the media.

人から、「堀江さんは、どんな人に会いたいですか？」とよく聞かれる。実を言うと、私の方から積極的に会いたい人というのは、そんなにいない。

会いたい欲をかきたてられるような優秀な人はたいてい、著書やらSNSなどで情報を発信している。彼らは伝え方がうまい。思考やビジネスメソッドを、シンプルにまとめて、誰でも読めるようにしてくれている。だから別に会いに行かなくても、それらを読めば事足りる。どこかで偶然、お会いできた場合や仕事はともかくとして、オファーを取りつけ、スケジュールを調整してわざわざ会いに行くことは、あんまりない。

092

限界を決めつけているのは自分自身で、限界を解くのも自分自身

You set your own limits;
only you can break your own limits.

限界を決めつけているのは自分自身で、限界を解くのも自分自身だ。もしかしたら誰よりも、古くさいことを言い続けている。

目新しいビジネスメソッドを、上から教えようという気持ちは全然ない。折れずに生きてきて良かったと心の底から思う、私個人の単なるお節介だ。

あらゆる常識やルールは刻々と変わっていくけれど、「諦めたらそこでおしまい」という、人生のシンプルな法則は、変わらないと思う。

093

「ググってない（調べてない）」「考えてない」「わかってない」

Bad interviewers kill my time;
I call them 'Time Rapists'.

分刻み、いや秒刻みのスケジューリングで生きている僕にとって、準備不足のインタビュアーに取材されることほど、大きな痛手はない。心の中で、僕はそれを「タイムレイプ」と名づけて恐れている。

一つ言わせてもらうと、「無駄な質問・三原則」というものがある。

「ググってない（調べてない）」「考えてない」「わかってない」

この三拍子が揃っただめなインタビュアーは、残念ながら世の中に溢れかえっている。

そして、この「三原則」はインタビュアー以外の職業についても言えるだろう。

094

ビートを刻むように仕事をパッパとこなす

Keep to the beat, to meet your goals.

グダグダと長ったらしい話をしたり、メールを書いたりしてくるヤツに限って、結局何が言いたいのかわからない。

「お前は何が言いたいんだ」と逆質問しても、キョドってまともに答えられなかったりする。

人のリズムを狂わせ、自分のペースに巻きこもうとする連中とまともに付き合っていたら、複数のプロジェクトを効率良くこなすことなんてできない。

ビートを刻むように仕事をパッパとこなす。ビートを乱す不協和音は視界から排除する。リズムを止める要因を全部消し去り、障害物のないキレイなコースを走るつもりで仕事をこなす。

そうすれば、いちいちリズムを崩している駄馬のようなランナーを一気に置き去りにできる。

095

10年後の未来を想像することに何の意味があるのだろうか

Really, what's the point of thinking 10 years ahead?

皆さんが今常識だと思っていることも、5年後、10年後には常識ではなくなっている可能性が多々ある。目まぐるしいスピードで社会が変化していくのだから、誰も数年後の未来を正確に言い当てることなどできない。

だから僕は、未来のことを考えるのが嫌いだ。1年後だってどうなっているかわからないのに、10年後の未来を想像することに何の意味があるのだろうか。そんなの暇人がやることだと思っている。

096

「いいじゃん」という感覚を信じる

Listen to your inner voice saying "well, that's good."

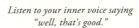

僕は自分の「いいじゃん」という感覚を信じている。

そして、その感覚に沿った自分の価値判断にも常に責任を持ち続けてきた。その結果がどうであれ、決して誰かのせいにしたりはしない。僕の判断を磨いてきたものがあるとすれば、その繰り返しではないかと思う。

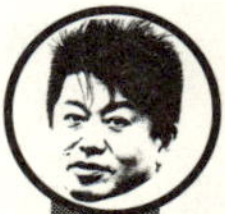

097

人の「いい面」だけを見る

Always look at the sunny side of people.

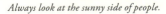

僕は人と接するとき、その人の「いい面」だけを見るようにしている。人間だから少なからず「悪い面」もあるが、そればかり見ていたら、親しくなれないし、仕事も進まない。いちいち傷ついていたら、何も進まない。

だから、人の「悪い面」を見てしまっても、「そういうものさ」と軽く受け流す。人の「いい面」だけを見ていたほうが生きやすい。

098

動き出さない本当の理由は自分に責任が降りかかるのがイヤなのだ

The real reason for not moving is that you don't want the responsibility.

動き出さない人に寄せて、少し考えを進めてみる。

新しいことをやる怖さというより、「自分の意志でやり始めたことが評価されない」場合が、怖いのだろうと想像する。

私の身近なスタッフでさえもそう。普通の会社員よりは、動き出しは早い方だとは思うけれど、私が求める能動性にはまったく及んでいない。もっとスピーディに、どん欲に新しい提案を私に仕掛けてほしい。

動き出さない本当の理由は、自分に責任が降りかかるのがイヤなのだ。

099

感情マネジメントは
ムダである

Touchy-feely management is a waste of time.

「部下の士気を上げるにはどうしたらいいのか？」などの質問を受けることもあるが、本人がやる気にならない限りはどうしようもないことだし、わざわざ会社がそこまで面倒をみてやるのもおかしな話だ。どうしても部下に動いて欲しければ、彼が望むものを成果として与えればいいだけのこと。それをやらずに感情マネジメントをして動かそうなどというのはおこがましいし、相手に失礼だ。

だが、いまだに一般の会社では感情マネジメントが行われている。はっきり言って、ムダでしかない。

では、どうすればいいのか？　答えは簡単で、人を雇わなければいいだけのことだ。実を言うと、これが一番の最適解だったりする。

100

話が噛み合わないと思ったら
スルーするしかない

If you are not on the same page,
move on.

正義というのは絶対的なものではなく、相対的なものだ。人によって価値観が異なるのだ。端《はな》から「金儲けは悪」と思い込んでいる人間も結構いるが、そうであれば資本主義の社会は成り立たないことになる。

自分が絶対的な正義だという前提では議論は成立しない。自分が色々言うのは勝手だとしても、相手にも言い分があるのだから、それも聞かなければならない。話が嚙《か》み合わないと思ったら、スルーするしかないだろう。

忙しくしていれば、そういう悪口も物理的に対応できなくなる。いちいち対応していたら、時間の無駄だ。ちょっとへこんでも、そのうちに忘れてしまう。もっと楽しいことはたくさんあるから、悪口に構っていることはない。

101

バカには、いい意味のバカと悪い意味のバカの2種類ある

"Stupid is as stupid does."– Mrs. Gump

バカというのも、いい意味のバカと、悪い意味のバカの2種類あって、前者は後先考えずにリスクを恐れずにチャレンジできるという意味のバカ。後者は本当に知識と教養がないバカなんですが、これが結構、同居している経営者って多いんです。

第5章

人と違って何が悪い

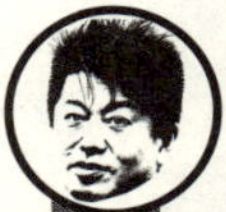

102

仕事がなくなれば「キリギリス」になればいい

You are freelancer, so live free.

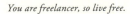

仕事がなくなった「迷える老羊」たちはどうすればいいのか。答えは、「遊べばいい」だ。イソップ寓話の「アリとキリギリス」でいうところの、キリギリスになればいい。こういう話をすると、必ず「食べていけないじゃないですか」と言う人が出てくる。

しかし、よく考えてみてほしい。「食べていく」って、今の時代本当にそんなに難しいことだろうか。現実的な話、普通に独り暮らしをしていくなら、ファストファッションやフリマアプリなどで随分安いものが手に入る。食べ物も安く調達する手段はいくらでもある。家もシェアハウスなら安いし、地方へ移住するという手もある。みんなが思っているほど、会社で働いてたくさんのお金を稼がなければならない理由はない。それなのに、ほとんどの人は嫌な仕事をし続けている。

103

安い仕事で我慢している人たちは、すごく迷惑な存在

People who accept low-paid jobs are an obstacle to progress.

「食べていくために」安い仕事で我慢している人たちが、実は経済発展において、大きなネックだ。低い待遇で働こうという集団がいる以上、労働単価は上がらないのだ。言葉を選ばずに言うけれど、すごく迷惑な存在だ。

「こうあるべき」という妄想に、意味もなくとらわれている人が多すぎる。

働くとは、辛いこと。そんなこと誰が決めたのだ？

遊んで暮らしてもいいし、遊んで食べていける環境はもう整っているのだと、どうして気づかないのだろう？

104

「一番最初に手を挙げる」人間が組織の中に何%かいるだけで、その組織は見違えるほど活性化する

The first hand raised starts the revolution.

たとえ素っ頓狂な意見であっても、膠着状態を破り、一番最初に手を挙げて意見を言える人間は、それだけで価値がある。一人が手を挙げれば、あとの人間も手を挙げやすくなる。

「一番最初に手を挙げる」人間が組織の中に何%かいるだけで、その組織は見違えるほど活性化する。

AIやロボットが人間の仕事を代替するようになったときこそ、「一番最初に手を挙げるバカ」の存在は輝きを増す。アルゴリズムや常識からかけ離れたクレイジーな発想から、爆発的におもしろい仕事が始まる。

105

コミュ力なんてゼロでいい

A silver tongue doesn't get the job done.

「稼ぎたい」と願うなら、コミュ力なんて0でいい。

もしコミュニケーションに長けた広報的な役割が必要になれば、PRパーソンを雇えばいいだけの話だ。それより、熱いモチベーションが本当に自分の中にあるのか。繰り返し自問してみてほしい。

適材適所

106

「全部自分でやらなきゃいけない症候群」にかかっている人が多すぎる

Specialize in producing what you are best at and let others sort the rest.

「なんでそんなハイペースで本が出せるんですか?」とよく聞かれるが、ほとんどの本は編集者とライターが僕にインタビューをして、まとめているものなので、大体10時間ほど話せば1冊になる。

こういう話をすると、ゴーストライターを使っているなどと騒ぐ人が必ずいるが、漫画だって多くのスタッフ、アシスタントによる分業制だ。

たとえば、ストーリーを考えるのがうまかったら、そこに特化して、絵は他人に任せている漫画家もいる。それくらい割り切らないと何作も同時並行で手掛けることは不可能だろう。なぜ本だけは駄目なのだろう?

「全部自分でやらなきゃいけない症候群」にかかっている人が多すぎる。

自分の貴重な時間は、自分の強みが一番発揮できる仕事に集中させるべきだ。

107

スモールビジネスや古い関係を重視しすぎると新しいことができない

Value something obsolete and let new opportunities pass away.

世界中のワイナリーには、どんな田舎に行ってもレストランが併設されていて、なかには宿泊できるオーベルジュになっているものも多い。そうすることによってワイナリー見学や試飲をビジネス化するだけでなく、その後の「ファン化」に貢献するからだ。そして例外なくハイクオリティな美味しい料理を提供している。

日本の酒蔵に欠けているのはその視点だ。どうやら蔵元的に言うと地元で酒を販売している以上、地元の飲食店と〝食い合って〟しまうので躊躇しているとのこと。スモールビジネスや古い関係を重視しすぎるばかりにロイヤリティの高い新しい顧客をないがしろにしている典型的な例である。

「オールB思考」はやめる

108

自分のポジションは自分で作ると決めている人は、闇雲にオールラウンダーになるための練習はしない

You don't need to be an all-rounder,
if you are the leader.

学校が人に「オールB人材であれ」と命じるのは、「誰に、いつ、何を命令されてもそそこここなせる」ようになるためだ。つまり、「やるべきことは、誰かから与えられるものである」という価値観が前提なのである。

ならばこうも言えるはずだ。自分で自分のやることを決め、それによって生きていくのであれば、オールB人材でなくてもいいのだと。自分のポジションは自分で作ると決めている人は、闇雲にオールラウンダーになるための練習はしない。

あなたにも、Aが取れる部分と、CやDしか取れない部分があるだろう。それを平らにならそうという努力は不要だ。オールB思考とは、「労働者には、自分のやることを決める権限はない」という、古臭すぎる価値観の名残なのである。

109

本当にやりたいことなら、人の目なんか気にせず、どんな障壁があってもやってしまうはず

Who cares what strangers think of you?

世間からの評価や人の目を気にするあまり「空気を読まなければいけない」と思い込んでいる人は少なくない。けれども、僕は「人の目なんか気にするな！ もっと自由に生きろ！」と常に声を上げてきた。

「こんなことをしたら、人にどう思われるだろうか？」「こんなことを言ったら、変に思われないだろうか？」などと、うじうじと考えてしまう人は、結局、それをやりたいのではなくて、自分の中でやらないための言い訳を探しているだけ。本当にやりたいことなら、人の目なんか気にせず、どんな障壁があってもやってしまうはずだ。

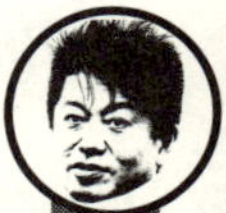

110

「ファーストペンギン」になれ

Be the first penguin in the colony.

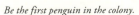

ペンギンは空を飛ぶことができない。そんなペンギンは子どものときは陸の上で親からエサをもらいながらぬくぬくと育っているが、いずれ親離れしてエサを自分で獲らなければならなくなる。しかし、エサである魚を獲りに海に入ればシャチなどの天敵もたくさんいるし、その他にも数多くの危険や困難があったりする。

そんなときに、群れの先陣を切って飛び込む勇気と行動力のあるペンギンが、ファーストペンギンだ。ファーストペンギンは、誰もいない餌場に一番に到達できるからエサにありつくことができる。逆に、安全を求めて出遅れたペンギンはエサにありつけるかどうかわからない。

これは人間の世界でも同じではないだろうか。「あいつはおかしい」と言われながらも先陣を切って研究をして成果を出す人は、言ってみればファーストペンギンだ。

111

経験こそが、社会人の最強のアイテム

You gets stronger through facing challenges.

新しいことに次々にチャレンジして、経験を積んでいこう。そうすれば新しいことを学ぶときについてくる正体のない恐怖心や批判に対する、耐性ができてくる。経験こそが、社会人の最強のアイテムだ。資格や貯金なんかより、はるかに役に立つ。

「人からどう思われたって、別に大したことじゃないよね」という耐性を持った人は、どこに行っても強い。ハートの強さというか、我が道を平気で進める耐性は、自分が選んだ教育と経験がつけてくれるのだ。

112

重たい不安から逃れたいなら、新しいことをやる！飛び出す！　それしかない

Go ahead.
You may fail or succeed.

会社勤めを続けていいのか、バイト暮らしはどうなるのか……など重たい不安から逃れたいならまず、新しいことをやる！　飛び出す！　それしかない。

ほとんどの不安の元は、他人の目にある。他人が見ているという意識は、ただの思い込みにすぎない。

いくらでも失敗していいのだ。

たくさんミスして、経験を積んで、他人の目に翻弄されない心を磨いてほしい。

113

あなたの悪口を言った人は
次の日には
ケロッと忘れている

Those who diss you today,
will forget about you tomorrow.

失敗したときの周囲からの嘲笑《ちょうしょう》が怖いという人は多い。けれど、あなた以外の人間なんて、所詮あなた以外の人間だ。無責任なものだ。あなたの悪口を言ったって、陰でバカにしたって、そんなことは次の日にはケロッと忘れている。

あなた以外の人間なんて、所詮そんなものだ。そんな人間の目を気にして、あなた自身が自分の人生を無駄にしていいわけがない。

114

家なんかいらない

No house, no worries.

今の僕に家はない。

「家はない」といっても、「スーツケース一つを携えて快適なホテル暮らしをしている」ということだ。月の半分は海外や地方にいるから、決まった家に定住する必要がない。

「立派な住まいを構えたい」なんてさらさら思わない。どこにいてもスマホ一つあれば原稿が書けてしまうし、ホテル住まいでもまったく困らない。

身の回りの荷物も、最低限だ。ノートパソコン、スマホ、そのケーブル類、洋服。僕のスーツケースには、その4種類しか入っていない。

自家用車も所有していない。タクシーやUber（ウーバー）といったサービスを利用させてもらうだけで十分だからだ。

115

無視されるぐらいなら
嫌われよう

Better hated than ignored.

僕だって生身の人間だから、いわれのない批判や中傷はむかつくし、できる限り受けたくないが、もう何とも思わない。「はいはい、またね」という感じで受け流すようにしている。

嫌われるよりも怖いことがある――。

それは、無視されることだ。

僕が何か発言しても、何か行動しても、賛否両論も何もなく、ただただ反応がない。こんな状況になったら、僕の実業家としての力はなくなったということだろう。「面白くないやつ」「無個性なやつ」「常識に凝り固まったやつ」ということの表れだからだ。

だから僕は言いたい。

「無視されるぐらいなら嫌われよう」と。

116

「バランス信仰」に騙されるな

Don't worship
at the god of 'Balanced person'.

小学生のころ、給食の時間に「三角食べをしましょう」というワケのわからない指導をされたのではなかろうか。

「ご飯↓おかず↓味噌汁↓ご飯↓おかず↓味噌汁」とお盆の上で三角形を描くように食べなければ、栄養バランスの良い食生活にならないというアレである。

おかずをアテにご飯をかきこみ、最後に味噌汁をすすって終わりにしたところで、何の問題もなかろう。

教師たちは何年もかけて教育現場で「三角食べ」を推進してきたわけだが、今思い返してみれば、あれのどこに科学的根拠があったのかははなはだ疑わしい。無理やり「バランス信仰」に洗脳していたとしか思えないのだ。

117

自分が満足していれば、それでいい

Live for yourself.

小学生の頃、僕はテストの点がいつも100点だったが、親から褒められたことはなかった。だから次第に親に褒められなくても、自分が満足していればそれでいいと思うようになった。

「人は他者の期待を満たすために生きてはいないだろう」ということにも気づくことができたのだ。

自分だって自分が満足するために生きている。他人も自分が満足するために生きているのだ。だから、自分の思った通りに他人が動いてくれることもないし、それに対する対処法もない。だから、あきらめるしかない。他人に期待することは無意味なのだ。

そうであれば、自分は「今の自分の人生」を全力で生きるしかないであろう。

118

裁判官って、自分より年収やステイタスが上の人間を認めたくないんだと思いますよ

It seems, judges can't deal with someone earning more than them.

裁判官って、自分より年収やステイタスが上の人間を認めたくないんだと思いますよ。「東大法学部を出て司法試験に受かって、裁判官にまでなったオレたち最高のエリートは、年収3000万円をもらってる。これが日本最高のステイタスだ。これ以上カネをもらっているヤツらは、悪いことをして稼いでるに違いない。世の中のルールに従っているフリをしながら、どこかでズルをしてるんだろう」くらいに考えてるんでしょうね。

119

今、この瞬間から周りの人の目を気にするのをやめよう

What others think about you sucks.

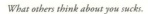

一歩踏み出したせいでみっともない失敗をしたとしても、そんなことは3日もたてば誰も覚えてはいない。

恥をかく勇気、失敗する勇気さえもてば、どんどん免疫ができてリスクを取ることを恐れなくなる。この勇気をもつことが何よりも重要なのだ。

今、この瞬間から周りの人の目を気にするのをやめよう。

君の頭の中が、他人の振る舞いや失敗のことでいっぱいにならないのと同じように、周りの人は君のことなんてまったく気にしていない。外野の雑音なんて気にせず、君は飄々《ひょうひょう》と我が道を進めばいいのだ。

120

好きなものを
好きなように食べて、
ストレスをためない

Eating well digests stress well.

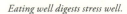

幸い、僕はこれまで命の危険を感じたことは一度もない。腎臓結石で入院して、結石を超音波で破砕する手術をしたが、身体を切ったことはない。

僕は食事は好きなものを、好きなように食べることにしている（朝は食べないことが多いが）。よく健康のために食事制限にこだわる人もいるが、あれはストレスがたまるのでやらないことにしている。ライザップに通っているときは糖質制限をしているが、それはあくまでも体型維持のためであって、健康のための施策ではない。

とにかく、ストレスは、「むだ死にしない」ために最も避けるべきことだ。

121

「成り上がり」は
真っ先につぶされる、
日本の風潮はくだらない

Japan has a bad case of
"tall poppy syndrome".

若いヤツが一代で成り上がってイノベーションを起こすのを、旧世代の連中はよしとしない。成り上がりを嫌い、成り上がりを寄ってたかってつぶす。こういう日本の風潮はつくづくくだらないと思う。

122

その「思い込み」に根拠はあるのか？

Is there really a basis for that 'belief'?

昨今の世の中では長時間労働とブラック労働がバッシングされているが、近いうちにロボット化が進み、人間がやるべき労働の時間がどんどん減っていくだろう。

生産性が低い人間は真っ先に淘汰される。

今の仕事はもっと効率良くできないだろうか？

往復2時間以上かけて会社に出向いてやる意味はあるだろうか？

家にいながらスマホでできることではないだろうか？

会社に行かなくてはいけない。

直接会って話さなければいけない。

資料は紙で渡さなければいけない。

そういった何の根拠もない考えを改めるだけで仕事は一気に効率化する。

123

炎上して何が悪い

*Don't fear the hate you get
for just being honest.*

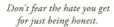

炎上したくないということであれば、黙っているのが一番。しかし、それでは生きている意味はない。

だから、僕はこれからも炎上を恐れず、どんどん本音で発信していきたい。

僕に対する批判は多いが、僕の発言は「社会のために役に立つ」という視点から一度もぶれたことはない。

第6章

あらたな価値を創造する

124

AIに仕事を奪われたってなんの問題もない

Robots are not your competitors.

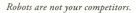

人間の労働が機械によって代替される事例が増えるにつれ、「AIに仕事が奪われる」といった悲観論を最近よく聞くようになった。仕事がなくなる、お金を稼げなくなると、生活に不安を感じている人もいるだろう。

ただ、もしそうなっても、なんら問題はない。人間がやらなければならなかった仕事の時間が減り、自由な時間が増えるだけの話だ。さらに、生活コストはどんどん下がっていくので、何も無理に働いてお金を得る必要もなくなっていく。

125

新幹線でいちいち「席倒していいですか？」って聞くの、もうやめない？

Can you stop asking me
if I mind you putting your seat back?

席を倒してトラブルになることを必要以上に恐れて事前確認をするのは日本くらいのもので、それによって後部座席の人が、必要のない、知らない人とコミュニケーションを取らざるを得ないことになる。

タクシーでルートをドライバーが聞くのも同じ構造だ。他人に文句を言われることを極度に恐れて無駄な行動やリアクションを他人に押し付けるという、どうしようもない構造である。

「いちいちリスクヘッジするの、もうやめない?」と思ってしまう。

126

自分にできないことをやっている人を見て、嫉妬したら「負け」

No use being jealous of what others can do.

斜に構えた段階で、その人はもう「負け」。

自分にできないことをやっている人を見て、嫉妬したら「負け」。

何事も学びのチャンスだと思い、自分に取り入れられることを見つけたほうがいい。

人の成功に嫉妬することの無意味さを、肝に銘じてほしい。

127

会社や上司から振られた仕事を片づけていくだけの人は、時代に取り残される

You'll be left behind
if you only do what others tell you to do.

昔のように、皆と同じスーツを着て就活をし、内定をもらった企業で定年まで勤め上げる、レールに乗った人生は多くの人が歩めない。会社や上司から振られた仕事を片づけていくだけの人は、時代に取り残される。タイやベトナムといった東南アジアなどの新興国の優秀な人たちと、日本人の給料は、そのうち同等になる。分野によっては新興国よりも安くなってしまうこともあり得るだろう。

豊かな日本で豊かな生活をするという「成功モデル」は、もはや溶けてきている。

128

健康保険組合はすべて民営化すべきだと思う

Health insurance should all be privatized.

日本が予防医療に予算をかけられないのは健康保険組合同士の連携がきちんと取れてないことも大きい。国民ががんになると安くない治療費や通院費がかかる。繰り返しいうが、病気の予防を本気で考えるなら、やはり健康保険組合をすべて民営化すべきだと僕は思う。民間企業なら市場原理が働く。国や地方自治体など市場原理に関係ない人たちが健康保険を運営しているから、そこまで真剣に考えないのではないだろうか。

129

「長時間労働時代」から「長期間労働時代」へ

From the 'long working hours' age to the 'long working life' age.

現在の定年は60歳。さらに「高年齢者雇用安定法」により希望者に対して65歳までの雇用が義務化され、今後も延長する可能性がある。22歳から働くと仮定して、70歳まで働くとすれば、なんと48年も働くことになる。24時間ぶっ続けで働ければよかった「長時間労働時代」から、50年くらい働き続けることを考慮した「長期間労働時代」に変わったのだ。この人生の時間軸の変化に気づかずに旧来通りの価値観で働いていると、これからは体もメンタルも長く持ちこたえられずに失速してしまうだろう。

130

人と同じことを やっていたら損するだけ

Don't use up your life being a copy of someone else.

現代は、個人がそれぞれ自分の頭で考えて生き抜いていかなければならない時代だ。今は、人と同じことをやっていたら損するだけだ。

満員電車がいい例だ。皆と同じことをすると、苦しい。帰省ラッシュだって、皆と同じタイミングで移動するから、あんなに大変な思いをする。この時間に出勤しましょう。この時期に休みましょう。こんな旧態依然としたシステムなんてあるから、皆苦しんでいる。

131

マイナーの部分では、僕たちの知らないエリアの層が誕生する可能性もある

There's a future outside the mainstream.

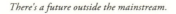

マイナーという場所は、失敗しても損の少ない安定したインフラなのだ。

そんなこともあるので、今後はメジャーに行く人よりも、マイナー分野に人が集まる可能性は高いだろう。現在ある有象無象《うぞうむぞう》の「地下アイドル」がそれなりに生活をしながら活動していけるのと同じことが起きる。

こういったことが起こるのは、マイナーでニッチな分野であってもやり方次第では稼ぐこと、生活していくことができるからである。そこからメジャーでしか得られないモノが欲しい人だけがメジャーに行き、それ以外はそのままマイナーに残るパターンが出てくる。

マイナーの部分では、僕たちの知らないエリアの層が誕生する可能性もある。

だからメジャーを目指している人は、まずは勇気と柔軟性を持ってマイナーに降りていき、行動力とアイデアで、それをカタチにする力が求められるだろう。

132

取り入れている情報が足りていれば、やりたいことはあふれ出てくるはずだ

*With the world of the internet at hand,
multi-tasking is easy.*

今はネットによって、同時に複数のプロジェクトを手掛けることが出来る。

逆に言うと、同時に複数のプロジェクトが進められない人の方がおかしい。不器用とか要領の悪さは関係なく、取り入れている情報が足りていれば、いくらでもやりたいことはあふれ出てくるはずだ。

やりたいことがいっぱいある誰かをバカにするのは、仕事をいくつも掛け持ちで進めることが重要な時代に乗り遅れている証拠だ。

イノベーターは興味のままに最新の情報に触れ、失敗を恐れず、数々のプロジェクトを仕掛けている。それぞれがシナジーを起こし、思わぬプロジェクトを生む。

かの偉大なＩＴ界のイノベーターは「バラバラの経験は、次第に何らかの形で繋がる。点と点を繋げて線を引こう」と、歴史的な名言を遺した。その通りだと思う。

チャレンジするリスクなど、些細なものだ。

133

世界のマーケットシェアを意識する

Check the market share
in the world market.

僕は世界のマーケットシェアを考えて、英語とスペイン語だけは分かるようになりました。中国語は最悪、漢字が読めれば何とかなるかな、と（笑）。それでだいたい世界シェアの7〜8割くらいの言葉は抑えられるはずですから。あとはラテン系だから何となく似ているし、単語も殆ど一緒だからわかるよね、みたいな。フランス語だって、発音こそ変わっていますけど、結局は一緒ですからね。

134

ビットコインは「子供銀行券」みたいなものだ

Bitcoin is like play money.

バカにするわけじゃないが、ビットコインは「子供銀行券」みたいなものである。

「子供銀行の運営を手伝ってくれたら、一番上手にお手伝いしてくれた人に、子供銀行券をあげます」というのが元々のマイニングだった。

135

新たなテクノロジーにソリューションがある

Technology will always find a solution.

久しぶりに訪れたデンマークのコペンハーゲン。ここ数年以内に都心部への自動車の乗り入れが禁止される方向らしい。

これは排ガスなどの環境対策という面だけではなく、どうやら最近流行りのカーテロリズムの排除という目的もあるらしい。爆発物や銃を使ったテロと違い、普段から街を走っている車によるテロは、防ぐのが難しい。高齢者や心疾患を起こした人による自動車の暴走もあり得る。それらを含めて考えると、これらを解決できるのは自動運転以外にソリューションはないだろう。

つまり人口密集地の車の乗り入れは、特にテロの活発な欧州で規制される方向にあるということ。これは、公共交通機関やパーソナルモビリティ（一人乗り用に設計されたコンパクトな乗り物）のようなところに勝機があるということだ。

今の段階からこの辺のビジネスを手がけておけば成功の可能性が上がるだろう。

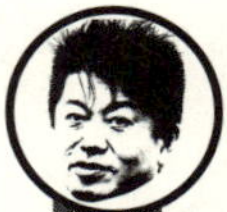

136

「仕事を作る」ことは難しくない

Job creation just happens.

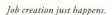

「仕事を作る」ことは、あまり困難ではない。実にシンプルなのだ。

多くの情報を浴び、自分だけの思考力を養い、リスクを取って、楽しいことのために自ら作ったレールを歩く。

たったそれだけのこと。

年収÷年間総労働時間

137

自分の「時価総額」を意識せよ

Be aware of the cost of your time.

あなたは、自分の時価総額が今パッと計算できるだろうか？ 考えたこともなかった、という人は一度考えてみるといい。年収を、年間総労働時間で割ればいいのだ。教育改革活動で有名な藤原和博さんは、「自分の年間総労働時間を把握しているビジネスパーソンは少ない」と仰っている。つまりそれだけ、自分の1時間あたり付加価値に対して鈍感な人が多いということなのだろう。

年収400万～600万円の会社員であれば、時価総額は大体2000～5000円程度だ。つまり、この辺りが平均的な労働者の時価総額である。

これを上げていくにはどうしたらいいか。

簡単だ。より「レア」な人材になればいいのである。代わりがいくらでもいるポジションではなく、「多少のお金を積んでも、この人でなければ困る」と思わせる地位を得れば、あなたの時価総額はたちどころに上がっていく。

138

お金とは、信用を数値化したもの

"Money = Trust.
Trust = money."

取引をスムーズにするために生まれたのが「お金」です。古くは貝殻、そして、金や銀が通貨として使用されていました。何が言いたいかというと、お金というのは、経済活動を媒介する「道具」であり、信用を保証する「しるし」でしかなく、本質的にきわめてバーチャルな存在だということです。

近年、仮想通貨が急速に普及していることからも、現実世界での信用があれば価値を交換するときの媒介は、デジタルなものでも何ら問題はないということは、容易に理解していただけると思います。

結論として言えるのは、お金とは信用を数値化したものにすぎないということです。そして、今の時代に、生きていくうえで究極的に大事なのは、「お金の多寡」ではなく、「信用の有無」ということなのです。

139

新しく知り合うなら、自分とはまったく違う人種がいい

Connect with others who are different from you.

仲間をつくるとき、いったいどんな仲間が理想的だろうか。僕はできるだけ自分と普段接点のない人と、つながるべきだと思う。

普段、自分が付き合っている人間は、自分と同じような人種が多いはずだ。自分と同じような人種と付き合っていると、気がラクだが、趣味嗜好や考え方が同じだから同じような情報しか持っていないだろう。だが、それでは発展性がない。新しく知り合うなら、自分とはまったく違う人種がいい。

140

「引き受ける」仕事は激減する。というより絶滅の道をたどっているのではないか

Those 9-to-5 jobs are dying out.

旧来の道徳や常識、安定志向は通用しなくなり（もともと幻想だったのだが）、グローバルの勢力が押し寄せた結果、仕事は「作るもの」へと、主流が移りつつある。「引き受ける」仕事は、激減している。というより絶滅の道をたどっているのではないか。

誰もが「引き受け」てばかりで、自ら「作る」ことを軽視したり、疎んじてきたツケが昨今の日本社会の閉塞感の遠因のひとつではないかと思う。

141

がんに備えて保険に投資する金があったら、検診や人間ドックに行くほうがいい

Instead of buying insurance,
you'd be better off spending your money on health checks.

日本では、とにかく予防に金と時間をかける発想が乏しい。

その代わり病気になった後の対処に、莫大な金が使われる。

たとえば、生命保険。

僕は生命保険に入っていない。がんになった日のために保険に投資する金があったら、いま検診や人間ドックに行くほうがいいと思うからだ。

142

打算を捨てて、自分の「好き」という感情に、ピュアに向き合う

Listen to your heart.

これから「好きなこと」を見つける際には、「収支」などの打算を捨てて考えることだ。なぜなら「それが仕事になるか」「ペイするか」なんて、未来になってみないとわからないからだ。

ユーチューブやツイッター、インスタグラムなど、プラットフォームは揃っている。

「未来が予測不可能」「将来は不確定要素に満ちている」なんて、嘆く必要はまったくもってない。僕たちがなすべきこと。それは社会の慣習や常識にとらわれて打算に走りすぎることではなく、自分の「好き」という感情に、ピュアに向き合うことなのだ。

143

なんか1つでも面白いネタを
思い付いてポンと伸びたら、
一流になれる可能性は
全然あると思う

It's totally possible to be famous
if you come up with a good trick.

いろんなお笑い芸人さんを知っていますけど、大して面白くないじゃないですか。クラスにいたら一番の人気者にはなれるだろうけど、だからといって、そこまでずば抜けているかと言えばそうではないし、一般人とそんなに大きな差がある訳でもない。要は、なんか1つでも面白いネタを思い付いてポンと伸びたら、一流になれる可能性は全然あると思うんです。それに、彼がもしお笑い芸人になることに失敗したところで無駄にはならないというか、5年、10年とお笑い芸人を目指した経験は、きっとまた別のところで役に立ってくるはずなんですよ。

144

「ビッグマネー童貞」を捨てようと思わなければ、ビッグマネーは手に入らない

*Big money will never come to you
if you don't lose your 'virginity' to Big Money.*

童貞と非童貞では、女性に対する憧れや感覚が違う。童貞がセックスに対して幻想や、逆に警戒心を抱くのは仕方ないし、高校時代の僕だってそうだった。経験済みの人に「過剰な幻想だ」なんて言われても、理解できるわけがない。

女性を知りたければ経験するしかないし、仮想通貨の値動きをまったく気にしないで済ませるためには、起業して株式上場するなりして、ビッグマネーを手に入れればいいのだ。乱暴な話と思われるかもしれないが、本気で挑戦すれば誰にだって可能性はある。さすがに童貞を捨てるよりは難しいかもしれないが。

145

変に学歴をつけるくらい
だったら、みんなが知らない
マニアックな遊びの達人に
なる方がずっと面白いし、
付加価値も高くなる

Super maniacs are more valuable than degree holders.

「東大生」なんて、もはや珍しくもなんともない。珍しかったのは、大学進学率が1~2割しかなかったような時代、あるいは東大生が民間（特にベンチャー）に少なかった時代の話だ。今や東大からベンチャーに進む人間なんて山ほどいるし、ネットの登場以降、東大生レベルの知識を得るのはもはや簡単だ。上京したければ誰だってすぐにできる。東大生起業家よりも、女子高生起業家の方がずっとメディア映えもする。

「東大生ブランド固有のメリット」は消滅したのだ。だったら、勉強が苦手な人がわざわざ東大を目指したところでコスパが悪すぎる。変に学歴をつけるくらいだったら、みんなが知らないマニアックな遊びの達人になる方がずっと面白いし、付加価値も高くなるだろう。

146

お金持ちより トリュフ持ちの方がモテる

Truffles attract more guys and girls than cash does.

価値のあるものを持っている人が、お金持ちより、良い思いができるのだ。勘違いしないでほしいが、白トリュフさえ持っていればいい、ということではない。キロ単位の白トリュフを入手できるルートとノウハウ、それを価値化できる料理業界との繋がり、僕自身の信用度など、いろんな要素がからみあって、白トリュフで「モテる」経験を得られる。

150万円で最高級の白トリュフを2キロ仕入れるためには、実は相当なノウハウがいる。モテのコストパフォーマンスとしては悪いかもしれない。

でも価値とは結局、そういうことだ。

147

他者を巻き込んで生きていく

No man is an island:
get others involved in your life.

人はひとりでは生きていけない。どんなに有能でお金があったとしても、孤独であったら、生きている意味などないだろう。人間には仲間の存在が必要だ。

だから、他者への優しさや思いやりだけは忘れてはいけないのだ。

僕自身、他者を巻き込んで生きていくのが楽しいし、すべてにおいてこれがモチベーションにもなっている。

148

自分から話しかけられるようにしゃべりがうまくなるのではなく、人が話しかけたくなるようなスキル

Real communication skill has more to do with one's natural ability to attract people.

本当のコミュニケーションスキルとは、自分から話しかけられるようにしゃべりがうまくなるのではなく、人が話しかけたくなるようなスキルのことだ。

手品が上手だったら話しかけられることもあるだろう。そして、その人しか持っていない知識やスキルがあれば、誰かに必要とされるはずだ。どんなことだっていい。「プログラムができる」でもいいし、「ものすごく知識がある」でもいい。「誰よりもドローンを上手に操縦できる」でもいい。

何か磨かれたスキルを持っていれば、そのスキルが自分の空白を補完してくれるのではないかと考えて、その人に惹かれる人が必ず出てくるはず。

この〝人が惹かれるスキル〟こそが、実はコミュニケーションスキルの本質だ。

149

社会や人間を本質的に変えていくのは、政治でもメディアでもなく、テクノロジーだと考えている

I believe it's not government or the media that changes society the most, it's technology.

医療はいま、最もイノベーティブな領域だ。

ここ数年でスマートフォンが、僕らの生活や行動を変えたように、最新の科学による医療の知見は、やがて僕たちの人生観にもイノベーションを起こしていくだろう。

世界の医療は、いま確実に病気の「治療」から「予防」の時代へシフトしている。

僕は、社会や人間を本質的に変えていくのは、政治でもメディアでもなく、テクノロジーだと考えている。

150

何万、何十万という人が
宇宙に行くようになれば、
絶対にヤバい人間、おもしろ
すぎる異能の徒が出現する

Keen to see the future beyond our planet.
Love to make alien friends.

僕が宇宙へのロケット発射にこだわるのは、自分が宇宙に行きたいからではない。ロケットが日常的に飛ぶことによって、何万、何十万という人が宇宙に行くようになる。そうすれば、絶対にヤバい人間、おもしろすぎる異能の徒が出現するのだ。頭のネジがぶっ飛んだ〝宇宙人〟は、想像もしないイノベーションを生み出してくれるはずだ。僕はまだ誰も見たことのない未来を見たいだけなのだ。

出典　※数字は掲載ページではなく、通し番号です。

『10年後の仕事図鑑』SBクリエイティブ
007,025,043,050,069,095,124,142

『多動力』幻冬舎
001,006,020,030,040,045,049,052,057,081,087,088,094,104,106,116,119,122

『東大から刑務所へ』幻冬舎
032,047,063,118,121,150

『自分のことだけ考える。』ポプラ社
016,019,021,048,071,083,085,097,100,109,115,117,123,126,139,147

『好きなことだけで生きていく。』ポプラ社
002,013,024,028,038,041,061,070,093,105,113,114,130

『すべての教育は「洗脳」である』光文社
005,009,012,033,034,051,058,062,067,096,108,137,145

『これからを稼ごう』徳間書店
064,103,134,144,146

『なぜ君たちは一流のサッカー人からビジネスを学ばないの?』ワニブックス
037,066,076,101,133,143

『むだ死にしない技術』マガジンハウス
074,120,128,141,149

『逆転の仕事論』双葉社
127,132,136,140

『後悔しない生き方』セブン&アイ出版
004,008,011,023,035,046,054,056,060,068,072,073,090

『99%の会社はいらない』KKベストセラーズ
015,018,029,039,059,065,075,099,110,131,148

『健康の結論』KADOKAWA
053,079,080,102,129

『英語の多動力』DHC
010,017,027,084,111

『堀江貴文という生き方』宝島社
003,022,026,042,044,055,077,089,091,092,098,112

『マンガ版　堀江貴文の「新・資本論」』宝島社
014,031,036,086,138

メールマガジン
078,082,107,125,135

堀江貴文

Takafumi Horie

1972年、福岡県八女市生まれ。実業家。SNS media & consulting 株式会社ファウンダー。現在は宇宙ロケット開発やスマホアプリのプロデュースを手掛けるなど、幅広く活動を展開。有料メールマガジン「堀江貴文のブログでは言えない話」は1万数千人の読者を持ち、2014年には会員制のオンラインサロン「堀江貴文イノベーション大学校(HIU)」をスタート。近著に『多動力』(幻冬舎)、『好きなことだけで生きていく。』(ポプラ社)、『10年後の仕事図鑑』(落合陽一氏との共著、SBクリエイティブ)などがある。

カバー・表紙デザインフォーマット／坂川事務所

カバー・帯・本文デザイン／金井久幸(TwoThree)

カバー写真／谷本恵

本文DTP／inkarocks

編集協力／杉原光徳

英語翻訳／編集室 ビーライン

宝島社新書

考えたら負け

今すぐ行動できる堀江貴文150の金言
(かんがえたらまけ　いますぐこうどうできる
ほりえたかふみひゃくごじゅうのきんげん)

2018年12月14日　第1刷発行
2023年3月20日　第8刷発行

著　者　堀江貴文
発行人　蓮見清一
発行所　株式会社宝島社
〒102-8388 東京都千代田区一番町25番地
電話：営業　03(3234)4621
　　　編集　03(3239)0646
https://tkj.jp
印刷・製本：中央精版印刷株式会社

ISBN 978-4-8002-9031-1